Silke Gugenberger-Wachtler

Muffins
Vegane Versuchung

Gesunde Köstlichkeiten
für nachhaltigen Genuss

WINDPFERD

Hinweis: Die in diesem Buch vorgestellten Informationen sollen ärztlichen Rat und medizinische Behandlung nicht ersetzen. Sie wurden sorgfältig recherchiert und nach bestem Wissen und Gewissen dargestellt. Dennoch übernehmen Autorin und Verlag keinerlei Haftung für Schäden irgendwelcher Art, die direkt oder indirekt aus der Anwendung oder Vewendung der Angaben in diesem Buch entstehen. Sämtliche Informationen in diesem Buch sind für Interessierte zur Weiterbildung gedacht.

1. Auflage 2018

Umschlaggestaltung: Jennifer Jünemann – www.bitdifferent.de
unter Verwendung eines Fotos von Silke Gugenberger-Wachtler
und einer Illustration von sudowoodo, 123rf.com
Satz und Layout: Jennifer Jünemann – www.bitdifferent.de
Autorenfoto: Doris Graf – www.farbklexx.at
Alle weiteren Fotos: Silke Gugenberger-Wachtler
Illustrationen: Thomas Hajdu – buero-formart.de
Gesetzt aus der Inkston
Druck: Grafik und Druck GmbH Peter Pöllinger, München

Klimaneutral
Druckprodukt
ClimatePartner.com/11574-1808-1001

Printed in Germany · ISBN 978-3-86410-189-2

www.windpferd.de

INHALT

Warum ein Kochbuch für vegane Muffins?

Ich lebe nun seit über sechs Jahren vegan, und ich muss zugeben: anfangs hauptsächlich aus gesundheitlichen Gründen. Im Jahr 2011 erkrankte ich mit 31 Jahren an Lymphdrüsenkrebs, einem hochaggressiven Non-Hodgkin-Lymphom, und begab mich vertrauensvoll in schulmedizinische Hände. Ein Dreivierteljahr und acht Zyklen Chemotherapie plus einer großen Operation später wurde ich als geheilt entlassen. Nur drei Monate danach entdeckten die Ärzte bei meiner ersten Nachuntersuchung, dass der Krebs zurückgekommen war. Ich hatte ein Rezidiv, also einen Rückfall. Meine zuvor aus schulmedizinischer Sicht relativ gute Prognose verschlechterte sich nun schlagartig. Die Chance, trotz Hochdosis-Chemotherapie und Stammzellentransplantation die nächsten fünf Jahre zu überleben, betrug nur 20 Prozent – für mich definitiv zu wenig. Ich wollte leben! Also musste eine andere Lösung her. Obwohl mir die Ärzte ohne schulmedizinische Therapie meinen baldigen Tod innerhalb weniger Monate prophezeiten, entschied ich mich gegen die Schulmedizin und für mein eigenes Konzept der Gesundheit. Ich las seitenweise Studien zum Thema Krebs und Ernährung und stellte fest: Die Forschung findet immer mehr Beweise dafür, dass unsere Ernährung einen großen Einfluss auf Krebs, aber auch auf andere Krankheiten wie etwa Herz-Kreislauf-Erkrankungen oder Diabetes hat. Konkret scheint es so zu sein, dass wir umso gesünder sind, je weniger tierische Produkte wir zu uns nehmen. Und so beschloss ich, ab sofort mein Leben zu ändern und sowohl auf Tierisches als auch auf Zucker, Weißmehl und weißen Reis zu verzichten. Ich änderte also meine Ernährung radikal, aß zudem sehr viele Nahrungsmittel, die nachweislich gegen Krebs wirken, und wurde belohnt! Bereits nach fünf Wochen war der Tumor in meinem Brustkorb, der nun nach drei Monaten ohne Chemotherapie wieder einige wenige Zentimeter maß, um über einen Zentimeter geschrumpft. Bis er ganz verschwunden war, dauerte es jedoch fast ein-

einhalb Jahre. Seither erfreue ich mich strahlender Gesundheit und lebe weiterhin vegan – inzwischen nicht mehr nur aus gesundheitlichen, sondern auch aus ökologischen und ethischen Gründen.

Obwohl ich also seit Jahren vegan lebe und sehr auf meine Gesundheit achte, bin ich doch ein kleines Schleckermaul. Ich liebe einfach Süßes – und vor allem Muffins! Seit Jahren schon begeistern mich diese kleinen Küchlein. Sie sind wirklich einfach zu backen, sodass auch absolute Kochmuffel kulinarisch glänzen können, sind nicht zeitaufwendig in der Herstellung und schmecken zudem noch ausgesprochen lecker. Auch in veganer Form sind sie ein Highlight und mit einigen Tricks kann man den ungesunden Haushaltszucker reduzieren oder gänzlich durch süße Früchte oder gesunde Zuckeralternativen ersetzen. Zudem schmecken sie auch als Rohkostmuffins, mit Vollkornmehlen, weizen- oder gänzlich glutenfrei herrlich. Und als besonderen Twist kann man sie mit gesunden Gewürzen, Früchten und Gemüsen anreichern, sodass die sündhaften Küchlein sogar gesundheitliche Vorteile bieten.

In den letzten Jahren habe ich zahlreiche unterschiedliche Muffins kreiert und auch meine Nicht-Veganer-Freunde damit beglückt. Die Variationsmöglichkeiten für Muffins sind schier unendlich und von süß bis pikant kann man so ziemlich jede Geschmacksnote in Muffins einfangen. Sie lassen sich problemlos mitnehmen (zum Beispiel zur Uni, in die Schule, den Kindergarten oder ins Büro), sind schnell und unkompliziert zubereitet und eine wahre Gaumenfreude.

Zusätzlich erfreuen süße Muffins mit liebevollen Dekorationen das Auge und lassen so manches (nicht nur vegane) Herz höherschlagen.

Pikante Muffins, die als Brötchenersatz ebenfalls wunderbar zum Mitnehmen und unterwegs Snacken geeignet sind oder auch als Beilage ausgezeichnet schmecken, runden die vorliegende Rezeptsammlung ab.

Ich wünsche mir, dass dieses Buch nicht nur sich vegan ernährende Menschen erfreut, sondern dass auch „Normalesser" Rezepte ausprobieren und in ihren Alltag integrieren. Denn mit jeder veganen Mahlzeit haben wir nicht nur Einfluss auf die Gesundheit unseres Körpers. Nein, die Entscheidung über unser Essverhalten reicht viel weiter. Wir können damit Tierleid vermindern und den Anbau von riesigen Mais- und Sojamonokulturen für die Tiermast (über 92 Prozent des weltweit angebauten Sojas wird übrigens für die Tiermast verwendet) und die damit verbundene Abholzung der Regenwälder verringern. Ebenso hat die Wahl unserer Ernährung Einfluss auf den Welthunger. Denn für 1 kcal tierischer Herkunft werden im Schnitt 10 kcal pflanzliche Nahrung in Form von Tierfutter aufgewendet, mit denen man sonst effizient hungernde Menschen ernähren könnte. Vom immensen Wasserverbrauch, den die Tiermast mit sich bringt, ganz zu schweigen. Und ganz nebenbei tust du auch noch deinem Körper Gutes!

Da es noch kaum vegane Kochbücher gibt, die sich dem Thema Muffins ausführlich widmen, möchte ich nun die Lücke schließen und dir hiermit ein einfaches Kochbuch mit schnellen, unkomplizierten und doch raffinierten Rezepten für vegane Muffins mit dem Gesundheitsplus in die Hand geben.

Bon Appetit!

Kleine Warenkunde

GETREIDE

WARUM VOLLKORN?

Ich verwende in fast allen Rezepten unterschiedliche Vollkornmehle. Dies hat gleich mehrere Gründe: Zum einen wird weißes Auszugsmehl vom Körper sofort in Glukose (also Zucker) umgewandelt und lässt so den Blutzuckerspiegel stark ansteigen, was absolut ungesund ist und nach dem kurzfristigen Anstieg zu einer Unterzuckerung führt, worauf wir mit vermehrtem Hungergefühl, aber auch Unruhe reagieren. Zum anderen fehlt Auszugsmehlen etwas ganz Wesentliches: nämlich die Schale und der Keim, die beide wiederum voller **Vitamine**, wie Vitamin A, Vitamin E und vor allem B-Vitaminen**,** sowie **Mineralstoffen** wie Kalium, Kalzium, Magnesium und Phosphor stecken. Alle Vitamine aus der **B-Gruppe** sind wichtig für den **Fett-, Eiweiß- und Kohlenhydratstoffwechsel**. Auch für **gesunde Haut, Haare und Nägel** sowie ein **elastisches Bindegewebe** sind die B-Vitamine verantwortlich. Außerdem benötigen wir B-Vitamine zur **Reizübertragung an Nervenzellen**, zur **Blutbildung** und zur **Zellteilung**.

Kalium wiederum ist wichtig für unsere **Herzgesundheit**, aber auch für die **Signalweiterleitung** zwischen unseren Zellen. **Kalzium** brauchen wir für **starke Knochen und Zähne**, **Magnesium** für die **Muskeltätigkeit**, einen **ausgeglichenen Blutdruck** und als **Vorbeugung von Herzrhythmusstörungen**. **Phosphor** spielt eine große Rolle für einen ausgeglichenen **Säure-Basen-Haushalt** und bei der **Energieproduktion und -speicherung**.

Ebenso enthalten Vollkornmehle reichlich **Ballaststoffe**, die für unsere Gesundheit von unschätzbarem Wert sind.

Ein regelmäßiger und ausreichender Genuss von Ballaststoffen:

- kurbelt die Verdauung an
- senkt den Cholesterinspiegel
- senkt das Risiko für eine koronare Herzkrankheit und damit auch das Risiko für einen Herzinfarkt
- senkt den Blutzuckerspiegel
- senkt das Risiko für Darmkrebs
- senkt das Risiko für Brustkrebs
- wirkt Übergewicht entgegen

Vollkornmehle strotzen also nur so vor gesundheitsförderlichen und lebensnotwendigen Stoffen und es wäre natürlich schade, auf diese Vorteile leichtfertig zu verzichten, nur weil wir den Geschmack von Vollkorn ungewohnt finden.

Egal von welcher Mehlsorte ich nachfolgend auch schreibe, ich meine damit eigentlich immer Vollkornmehl. Sämtliche gesundheitlichen Vorteile beziehen sich ausschließlich auf die Vollkornvariante und gelten nicht für Auszugsmehle, egal von welcher Getreidesorte sie stammen. Dennoch sind einige Mehle auch in der Auszugsmehlvariante gesünder als andere. So ist etwa Weizen generell nicht so leicht bekömmlich wie etwa Einkorn oder Dinkel.

Trotzdem finden sich auch einige Rezepte mit „normalen" Mehlen – also Auszugsmehlen – in diesem Buch. Dies hat den einfachen Grund, dass die meisten Menschen den Geschmack von Vollkorn nicht gewohnt sind und es somit durchaus Sinn machen kann, Muffins mit Auszugsmehlen zu backen. Wenn du Bedenken hast, ob dir vegane Vollkorn-Muffins, eventuell sogar zuckerfrei, überhaupt schmecken, dann kannst du dich langsam an den Geschmack von Vollkorn herantasten und erstmal mit Weißmehl-Rezepten starten.

Aber auch wenn man selbst schon total vom Vollkorn-Geschmack überzeugt ist, kann man beispielsweise seine Mitmenschen oft leichter von veganen Muffins begeistern, wenn man ihnen vorerst Muffins mit weißen Mehlen vorsetzt. Diese entsprechen mehr dem gewohnten Geschmack. Auch für Schulveranstaltungen, Kindergeburtstage, Feiern mit den Kollegen etc. sind die Weißmehlrezepte aus dem gleichen Grund von Vorteil. Und auch, wenn man mal selber ausnahmsweise Lust auf Weißmehlmuffins hat, sind die Rezepte ein köstliches Highlight.

Natürlich kann man die Weißmehlrezepte im Buch auch einfach mit Vollkornmehl backen. Dazu benutzt man anstelle des Weißmehls einfach die gleiche Menge an entsprechendem Vollkornmehl und gibt gegebenenfalls etwas mehr Flüssigkeit in den Teig. Wer feinere und fluffigere Muffins bevorzugt und auf den gesundheitlichen Aspekt nicht so sehr achtet, kann genauso die Vollkornmehle in den Rezepten einfach durch die gleiche Menge an Weißmehl ersetzen.

WEIZEN

Weizen ist in den letzten Jahren etwas in Verruf geraten, da unser heutiger Weizen ein hochgezüchtetes Lebensmittel ist und nur noch sehr wenig mit dem seit Jahrtausenden von uns Menschen verzehrten Urgetreide gemeinsam hat. Ich verwende in diesem Buch aus diesem Grund kaum Weizenmehl. Nur in Rezepten, die dazu gedacht sind, „Normalessern" die gesunde vegane Küche schmackhaft zu machen – nennen wir sie „Einsteiger-Rezepte" – verwende ich in diesem Buch daher Weizenmehl.

EINKORN

In dieser besonderen Rezeptsammlung finden sich viele Rezepte mit Einkorn, das praktisch das ursprüngliche Getreide unserer Vorfahren ist und zu den ältesten Getreidesorten überhaupt zählt. Es wird seit mindestens 10.000 Jahren als Nahrungsmittel angebaut und genutzt. Aus ihm entstand sowohl unser heutiger Weizen als auch Dinkel. Es ist nicht hochgezüchtet, sondern in seiner ursprünglichen Form erhalten geblieben. Im Gegensatz zum normalen Weizen weist Einkorn mehr **Antioxidantien**, mehr **B-Vitamine**, **Vitamin E** sowie mehr **Mineralstoffe** und **Spurenelemente** wie beispielsweise **Eisen**, **Magnesium**, **Zink**, **Kupfer** und **Mangan** auf. Hervorzuheben ist auch sein hoher Gehalt an **Carotinoiden**. Carotinoide zählen zu den sekundären Pflanzenstoffen und wirken **antioxidativ**, **entzündungs-**

hemmend, können die **Hautalterung verlangsamen** und vor **Herz-Kreislauf**- und **Krebserkrankungen schützen**.

Zudem ist der Gehalt an wertvollen **Aminosäuren, also Protein,** im Einkorn um die Hälfte höher als im herkömmlichen Weizen; darüber hinaus enthält es auch viele gesunde **ungesättigte Fettsäuren**. Einkorn ist meiner Meinung nach eine der besten Alternativen für Weizen, die es gibt. Neben seinen gesundheitlichen Vorteilen ist es sehr mild im Geschmack und selbst das Vollkorn-Einkornmehl schmeckt leicht und locker.

Einkornmehl ist inzwischen oft sogar im normalen Supermarkt erhältlich (zumindest in Österreich gibt es eine große europaweit tätige Kette, die biologisches Vollkorn-Einkornmehl ins normale Sortiment aufgenommen hat), andernfalls findet man dieses wertvolle Korn in Reformhäusern und Biomärkten.

DINKEL

Wie auch Weizen stammt Dinkel vom Einkorn ab, hat aber im Gegensatz zum Weizen einige gesundheitliche Vorteile: So ist auch beim Dinkel der Gehalt an **Vitaminen**, **Mineralstoffen** und **Spurenelementen** höher als beim Weizen und zusätzlich punktet er noch mit einem hohen Gehalt an **Kieselsäure**. Kieselsäure sorgt für **schöne Haare, Haut und Nägel**, **elastisches Bindegewebe** und **starke Knochen**. Zudem gilt Dinkel als sehr **bekömmlich** und leicht verträglich. Dinkel ist inzwischen so weit verbreitet, dass man Dinkelmehl mittlerweile in so gut wie jedem Lebensmittelgeschäft kaufen kann. Will man besondere alte Dinkelsorten ausprobieren, wird man in Naturkostläden und Reformhäusern fündig.

BUCHWEIZEN

Buchweizen ist, anders, als sein Name vermuten lässt, nicht mit dem Weizen verwandt. Buchweizen zählt nämlich nicht zu den Getreiden, sondern gehört zur Familie der **Knöterichgewächse**. Er zählt, genauso wie Quinoa, zu den sogenannten **Pseudogetreiden**. Buchweizen enthält **kein Gluten**, das Klebereiweiß, welches sich in Weizen, Dinkel und Einkorn findet und oftmals bei einer Glutenunverträglichkeit Beschwerden verursacht.

Buchweizen ist ein nährstoffreiches Kraftpaket. Er enthält alle acht **essentiellen Aminosäuren**, die mit der Nahrung zugeführt werden müssen. Zudem **senkt** Buchweizen laut verschiedenen Studien den **Cholesterin- und Blutzuckerspiegel** und **schützt die Leber**.

Buchweizenmehl findet man in Naturkostläden und Reformhäusern. Alternativ kann man auch einfach Buchweizenkörner in einer Getreidemühle mahlen.

REIS

Reis enthält viele **Mineralstoffe** und **Spurenelemente**, wie etwa **Kalium**, **Magnesium** und **Eisen**. Zudem enthält er viele **B-Vitamine**, die für **starke Nerven** sorgen. In vielen Kulturen gilt Reis als **Heilnahrung** bei Verdauungsbeschwerden.

Obwohl Reis zu den Getreiden zählt, ist er genauso wie Buchweizen **glutenfrei**. Aus diesem Grund setze ich Reismehl gerne in glutenfreien Rezepten ein.

Vollkorn-Reismehl findet man in Naturkostläden und Reformhäusern. Alternativ kann man auch einfach Vollkornreiskörner in einer Getreidemühle mahlen.

SÜßUNGSMITTEL

Zucker ist eigentlich ein äußerst problematisches Lebensmittel, wenn man auf seine Gesundheit achten möchte. So führt ein übermäßiger Zuckerkonsum zu Übergewicht, **Diabetes** und **Fettleber**, **schwächt das Immunsystem** und befeuert zusätzlich das **Wachstum von Krebszellen** sowie von **Bakterien** und **Pilzen**. Allerdings gibt es auch gesundheitlich unbedenkliche Zucker (-Austauschstoffe), mit denen man einen Großteil des ungesunden Zuckers ersetzen kann.

Als Süßungsmittel bevorzuge ich persönlich **Birkenzucker**, oft in Kombination mit **Vollrohrzucker** oder **Rohzucker**, **Kokosblütenzucker** oder **süßen Früchten**.

Wenn man allerdings lieber „normalen" Zucker verwenden möchte, kann man sowohl den Birken- als auch den Kokosblüten- sowie Roh- und Rohrzucker in den Rezepten eins zu eins durch weißen Kristallzucker ersetzen.

Wie stark ein Lebensmittel nach seinem Verzehr den Blutzucker ansteigen lässt, kann man anhand des **Glykämischen Index** (GI) bestimmen. Ein Lebensmittel mit hohem glykämischen Index lässt den Blutzucker stark und heftig schwanken, ein Lebensmittel mit einem niedrigen glykämischen Index hingegen lässt den Blutzuckerspiegel nur langsam und nicht so hoch ansteigen, wobei begleitende Faktoren wie etwa Fett, das mit der gleichen Mahlzeit verzehrt wird, oder aber auch komplexe Kohlenhydrate in Lebensmitteln den Blutzuckerspiegel langsamer ansteigen lassen. Dementsprechend sind natürlich Lebensmittel mit einem niedrigen glykämischen Index für unseren Körper und unsere Gesundheit viel besser geeignet als Lebensmittel mit einem hohen glykämischen Index. Das Nahrungsmittel mit dem höchsten glykämischen Index ist übrigens reine Glucose mit einem Wert von 100.

Generell sollte man darauf achten, möglichst wenige Nahrungsmittel mit einem GI von über 65 zu verzehren, wobei es durchaus auch Ausnahmen für diese Regel gibt, wenn der Mineralstoff-, Vitamin- und/oder sekundäre Pflanzenstoffgehalt sehr hoch ist, wie dies beispielsweise bei Datteln der Fall ist!

GI-TABELLE

Lebensmittel	GI	Lebensmittel	GI
Birkenzucker (Xylit)	7	Sojamilch	31
Zucchini	10	Kokosblütenzucker	35
Brokkoli	10	Vollkornmehl	40
Tomaten, Paprika	10	Haferflocken	40
Frisches Gemüse	10	Erbsen	40
Sauerkraut	15	Buchweizenmehl	50
Erdnüsse	15	Ahornsirup	54
Zitronen	15	Sultaninen	55
Pilze	15	Mango	55
Nüsse, Mandeln	22	Rote Bete	64
Schokolade 70 %	22	Bananen, Rosinen	65
Kirschen, Zwetschgen	25	Polenta	65
Apfel, frisches Obst	30	Weißmehl	85
Kichererbsen	30	Datteln, getrocknet	95

BIRKENZUCKER

Hochwertiger Birkenzucker wird aus der Rinde von Buchen und Birken gewonnen, die beide einen relativ hohen Anteil an Xylose aufweisen, dem **Holzzucker**. Die Rinde wird gehäckselt und ausgekocht, wobei die Xylose von den anderen Holzbestandteilen getrennt und anschließend hydriert wird. Allerdings kann man Birkenzucker auch aus konventionellem Mais herstellen – bei diesem kann jedoch eine Verunreinigung mit gentechnisch veränderten Pflanzen nicht ausgeschlossen werden. Ich empfehle deshalb, Birkenzucker, der auch wirklich aus Bäumen gewonnen wurde, zu verwenden.

Birkenzucker, auch **Xylit** genannt, ist eigentlich kein Zucker, sondern ein sogenannter **Zuckeralkohol** (aber keine Angst, außer mit dem Namen hat er nichts mit normalem Alkohol gemeinsam, kann also auch problemlos von Kindern, Alkoholkranken etc. verzehrt werden!) und hat einige Vorteile: So ist er etwa **basisch**, liefert uns also eine Menge an **Mineralstoffen**, wird vom Körper kaum verstoffwechselt und hat darum auch fast keinen Einfluss auf den Blutzuckerspiegel des Körpers (Birkenzucker hat einen **GI von 7**) und ist somit auch kein Nährboden für Bakterien, Pilze und Krebszellen. Zudem greift er unsere Zähne nicht an, sondern verbessert im Gegenteil deren **Widerstandskraft gegen Karies**. Darüber hinaus enthält Birkenzucker nur gut **halb so viele Kalorien**, nämlich nur 240 kcal pro 100 Gramm, wie normaler Zucker, der es immerhin auf 410 kcal pro 100 Gramm bringt.

Da Birkenzucker in großen Mengen aber abführend wirkt und zudem einen leichten Eigengeschmack aufweist, verwende ich ihn meist in Kombination mit anderen Süßungsmitteln, sodass auch beim Genuss von zwölf Muffins auf einmal keine abführende Wirkung zu befürchten ist – was ich aber absolut nicht empfehlen würde, da Muffins auch in veganer Form ziemliche Kalorienbomben sein können! ☻

Vorsicht: Birkenzucker ist für Hunde äußerst giftig! Gib deinem Hund niemals Kuchen, die mit Birkenzucker gesüßt sind, zu fressen!

KOKOSBLÜTENZUCKER

Kokosblütenzucker wird aus dem Sirup der Kokosblüten gewonnen, der so lange gekocht wird, bis er auskristallisiert. Er schmeckt nicht nach Kokos, sondern eher **karamellartig** und süßt etwas weniger als normaler Haushaltszucker. Genau wie Birkenzucker hat Kokosblütenzucker nur einen geringen Einfluss auf unseren Blutzuckerspiegel (**GI von 35**) und ist deshalb als Süßungsmittel ideal. Zudem enthält er noch relativ viele gesunde **Mineralien**. Inzwischen ist auch Kokosblütenzucker im gut sortierten Lebensmittelgeschäft problemlos erhältlich, alternativ findet man ihn in Bioläden und Reformhäusern.

ROHZUCKER

Rohzucker kann sowohl vom Zuckerrohr als auch von der Zuckerrübe stammen. Rohzucker wird **nicht erhitzt**, was bedeutet, dass er noch sämtliche Vitamine und Mineralstoffe enthält, die sich zugegebenermaßen in Zucker generell eher spärlich finden. Zudem ist er **ungebleicht**.

Roher Rübenzucker hat zudem den Vorteil, dass er nicht Hunderte Kilometer weit zu uns transportiert werden muss, wie dies etwa beim Rohrzucker der Fall ist. Da man rohen Rübenzucker leider nicht das ganze Jahr über problemlos bekommt, kann man diesen auch durch **Rohrohrzucker** ersetzen.

VOLLROHRZUCKER

Vollrohrzucker wird aus dem Saft des Zuckerrohrs hergestellt. Dieser wird eingekocht, getrocknet und vermahlen. Alle enthaltenen spärlichen Mineralstoffe und Spurenelemente bleiben dabei erhalten.

AHORNSIRUP

Ahornsirup ist der Saft des kanadischen **Zuckerahorns.** Er wird direkt aus den Bäumen gezapft. Hierzu werden kleine Zapfhähne in den Stamm geschlagen und der auslaufende Saft aufgefangen. Dieser wird anschließend so lange gekocht, bis der Großteil des Wassers verdampft ist. Ahornsirup enthält viele **Antioxidantien** und noch relativ große Mengen an **Mineralstoffen**, weshalb er auch **basisch** ist. Ahornsirup lässt den Blutzuckerspiegel schneller ansteigen als etwa Kokosblüten- oder Birkenzucker, weist mit einem **GI von 54** aber immer noch einen relativ guten Wert auf.

DATTELN

Obwohl Datteln einen hohen Zuckeranteil aufweisen, sind sie äußerst gesund. Sie enthalten große Mengen an **Vitaminen** und **Mineralstoffen**, wie etwa verschiedene **B-Vitamine**, **Vitamin C**, **Eisen**, **Kalzium**, **Kalium** und **Magnesium**. Zusätzlich enthalten die gesunden Früchte das Eiweiß **Tryptophan**, das die Vorstufe des **Glückshormons Serotonin** und des **Schlafhormons Melatonin** darstellt**.** Melatonin ist gleichzeitig auch ein starkes Antioxidans und hilft uns, gesund und fit zu bleiben. Der Genuss von Datteln macht uns also **glücklich** und hilft uns abends beim **Einschlafen.** Zusätzlich enthalten die **Nährstoffbomben** viele **Ballaststoffe**, was wiederum unsere **Verdauung** unterstützt und den **Cholesterinspiegel** ebenso **senken** kann wie das **Darmkrebsrisiko**.

EI-ERSATZ

In der veganen Küche verwendet man naturgemäß keine Eier. Damit der Teig trotzdem fluffig wird, reicht es meist aus, einfach ein wenig mehr **Backpulver** zu verwenden. Zusätzlich verwende ich in meinen Rezepten meist **Apfelessig oder Zitrone**. In Kombination mit dem Backpulver setzt die Säure eine chemische Reaktion in Gang, schäumt dabei leicht auf und verleiht den Muffins eine etwas luftigere und fluffigere Konsistenz. Für die Bindung des Teigs braucht man (ausgenommen bei glutenfreien Rezepten) keinen Ei-Ersatz.

Auch **Chiasamen, Flohsamenschalen** oder **Leinsamen** in Kombination mit Wasser kommen in meinen Rezepten nicht nur als Ersatz für Eier, sondern auch wegen ihrer gesundheitsfördernden Eigenschaften zum Einsatz.

Hin und wieder verwende ich in den Rezepten auch einen geriebenen **Apfel** oder **Bananen** als Ei-Ersatz. Beides verleiht dem Teig eine gewisse Festigkeit.

Für die leicht gelbe Farbe, die der Eidotter ja normalerweise dem Backgut verleiht, verwende ich oft eine Prise (oder nach Wunsch auch etwas mehr) **Kurkuma**. Das schmeckt nicht nur gut, sondern ist auch unglaublich gesund, da Kurkuma stark **entzündungshemmend** wirkt, **Krebszellen den Garaus** macht, das **Immunsystem unterstützt** und das **Gedächtnis verbessert**, um hier nur ein paar wenige der vielfältigen Fähigkeiten der Gelbwurzel aufzuzählen. Kurkuma ist wohl eines der erstaunlichsten Gewürze in der Küche überhaupt, was seine gesundheitliche Wirkung anbelangt, und sollte daher täglich auf dem Speiseplan stehen – am besten immer in Kombination mit einer Prise Pfeffer, denn das im Pfeffer enthaltene Enzym Piperin erhöht die Bioverfügbarkeit von Kurkuma um den Faktor 400.

FLÜSSIGKEIT

In veganen Muffins verwendet man naturgemäß keine tierische Milch und auch keinerlei tierisches Joghurt oder Ähnliches. Ich verwende stattdessen meistens **Hafermilch** oder in glutenfreien Rezepten auch **Reismilch**. Die Getreidemilch kann beliebig ausgetauscht werden, so kann man je nach Geschmack auch Mandel-, Soja-, Dinkelmilch oder Ähnliches verwenden. Und zur Not tut es auch reines Wasser. Hin und wieder verwende ich in den Rezepten auch Sojajoghurt oder Sojamilch, weil damit die Muffins fluffiger werden. Sojajoghurt und -milch kann nicht einfach ausgetauscht werden, da sich sonst die Konsistenz des Teigs stark verändern würde.

FETTE

In meinen Rezepten verwende ich meist geschmacksneutrales **Rapsöl**, das reich an gesunden mehrfach ungesättigten Fettsäuren – allen voran den wichtigen und entzündungshemmenden Omega-3-Fettsäuren – ist.

Kokosöl verwende ich oft in Rohkostrezepten, aber auch für Schokosaucen und Ähnliches. Kokosöl schmeckt relativ stark nach Kokos und enthält zudem viele gesättigte Fettsäuren, die für unsere Herzgesundheit nicht sonderlich förderlich sind, sodass ich es jedoch eher spärlich einsetze.

Auch **vegane Margarine** findet anstelle von Butter manchmal Verwendung. Hier achte ich allerdings immer darauf, dass diese **ohne gehärtete Fette** (äußerst ungesund!) und auch **ohne Palmöl** hergestellt wird. Palmöl steht im Verdacht, Krebsmetastasen zu befeuern, und ist zusätzlich ökologisch äußerst bedenklich. Ungehärtete und palmölfreie Margarinen gibt es in Reformhäusern, Bioläden und im Online-Fachhandel.

Achtung: Nicht jede Margarine ist rein pflanzlich! Die meisten im normalen Supermarkt erhältlichen Margarinen enthalten tierische Substanzen. Unbedingt auf das Vegan-Zeichen achten!

BIO-QUALITÄT

Wann immer möglich, solltest du bei deinen Lebensmitteln zu Bio-Qualität greifen. Dies hat einige Gründe. Zum einen sind biologisch angebaute Nahrungsmittel viel geringer mit Antibiotika, Unkrautvernichtungsmitteln, chemischen Düngemitteln, Fungiziden und Pestiziden belastet als herkömmlich angebautes Obst, Getreide und Gemüse. Die **Belastung mit Giften** ist also für den Körper um einiges geringer, was natürlich für Gesundheit, Fitness und Vitalität absolut förderlich ist.

Zum anderen ist die **Nährstoffdichte** in biologisch Angebautem nachweislich höher: Soll heißen, in einem biologisch angebauten Apfel finden sich bei Weitem mehr Vitamine, Mineralstoffe und Spurenelemente als in einem konventionellen Apfel.

Und last but not least ist auch der Gehalt an **sekundären Pflanzenstoffen** im biologischen Obst und Gemüse um ein Vielfaches höher. Laut neueren Forschungen wirken sich aber gerade die sekundären Pflanzenstoffe unglaublich positiv auf unsere Gesundheit aus. Sekundäre Pflanzenstoffe sind beispielsweise Geschmacks-, Farb- und Bitterstoffe und dergleichen mehr.

Sekundäre Pflanzenstoffe wirken nachweislich:

- antioxidativ
- antibakteriell
- antiviral
- entzündungshemmend
- krebshemmend
- beruhigend
- stimmungsaufhellend
- blutdruckregulierend
- cholesterinsenkend
- antithrombotisch
- immunstärkend
- entgiftend
- ...

Zusätzlich schützt du mit dem Einkauf von biologischem Obst und Gemüse die Umwelt, in der wir schließlich alle leben müssen, und die regionalen Bauern und Farmarbeiter vor übermäßiger Giftbelastung.

Aus allen diesen Gründen, macht es durchaus Sinn, in biologisch angebautes Obst und Gemüse zu investieren und so (nicht nur) deinem Körper langfristig Gutes zu tun.

ZUR ARBEIT MIT DIESEM BUCH

Um dir die Arbeit mit diesem Buch zu erleichtern und damit du auch gute Ergebnisse beim Muffins-Backen erzielst, folgen hier noch ein paar letzte Hinweise zu den Rezepten.

Rohrzucker: Wann immer ich Rohrzucker in den Rezepten anführe, empfehle ich dir aus gesundheitlichen Gründen, entweder Vollrohrzucker oder Rohrohrzucker zu verwenden. Da Zucker aber generell ungesund ist, kannst du stattdessen auch normalen Rohrzucker verwenden, wenn dir der Geschmack von Voll- oder Rohrohrzucker zu kräftig ist.

Backpulver: Ich verwende ausschließlich Weinstein-Backpulver. Dieses wird aus Weinsäure hergestellt, die beim normalen Prozess der Weinherstellung natürlicherweise anfällt. Im Gegensatz zu normalem Backpulver ist es **phosphatfrei**. Phosphate erhöhen das Risiko für Herzinfarkte, Schlaganfälle und Osteoporose und sind für Menschen mit geschwächten Nieren schädlich.

Zahnstocherprobe: Ob ein Muffin fertig gebacken ist oder noch etwas Zeit im Ofen benötigt, kannst du ganz leicht mit Hilfe eines Zahnstochers herausfinden. Dazu einfach nach der angegebenen Zeit den Backofen öffnen und mit einem Zahnstocher in die Muffins pieken. Kommt der Zahnstocher sauber (damit meine ich, dass keine Teigreste daran haften, Verfärbungen, weil du in Obst oder Schokolade gepiekt hast, sind dagegen okay) aus dem Ofen, sind sie fertig!

Zuckerfrei: Alle Rezepte, die ohne Zucker aus der Rübe beziehungsweise aus Zuckerrohr auskommen, sind in diesem Buch als „zuckerfrei" gekennzeichnet. In zuckerfreien Rezepten verwende ich entweder Datteln, Birkenzucker, Kokosblütenzucker oder eine Kombination dieser drei Süßungsmittel.

Zuckerreduziert: Alle als „zuckerreduziert" gekennzeichneten Rezepte verwenden Birkenzucker in Kombination mit einem anderen Zucker, wie etwa Ahornsirup, Rohrzucker etc. Dabei enthält ein einzelner Muffin nur jeweils etwa 1 TL Rüben- oder Rohrzucker.

Vollkorn: Alle Vollkorn-Rezepte arbeiten mit 100 Prozent Vollkornmehl.

Tlw. Vollkorn: Die Abkürzung steht für „teilweise Vollkorn" und bezeichnet Rezepte, in denen sowohl Vollkornmehl als auch Weißmehl oder aber auch Stärke verarbeitet werden.

Glutenfrei: Glutenfreie Rezepte verwenden kein normales Getreide, sondern Buchweizen, Reismehl oder Mais.

Weizenfrei: In weizenfreien Rezepten kommen meist die Getreidesorten Einkorn, Dinkel oder Buchweizen zum Einsatz. Auf Weizen wird komplett verzichtet.

Erdbeer-Kokos Muffins

Diese raffinierten Muffins sind ein geschmackliches Highlight! Sie eignen sich hervorragend als Mitbringsel bei Grillpartys oder für Kuchenbuffets oder wenn du Freunde und Verwandte an die vegane Ernährung heranführen willst. Und aus genau diesem Grund wird dieses Rezept mit normalem Weizen-Auszugsmehl gebacken, da die meisten Menschen den Geschmack von Vollkornkuchen beziehungsweise -muffins nicht gewohnt sind. Natürlich kann man das Weizenmehl auch einfach durch Einkorn-, Weizen- oder Dinkel-VOLLkornmehl ersetzen.

Doch auch exakt nach Rezept gebacken sind diese Muffins noch gesünder als herkömmliche Muffins, denn sie sind natürlich vegan und kommen mit nur 60 g Rohrzucker aus, sind also zuckerreduziert, schmecken aber trotzdem wunderbar süß.

ZUTATEN für 12 Muffins:

- 250 g Weizenmehl
- 60 g Rohrzucker
- 60 g Birkenzucker
- 50 g Kokosflocken
- 15 g Backpulver
- 100 ml Rapsöl
- 280 ml Hafermilch
- 1 TL Apfelessig
- 12 große Erdbeeren

ZUBEREITUNG:

1. Den Backofen auf 180 °C Ober-/Unterhitze (160 °C Umluft) vorheizen und Papierförmchen in das Muffinblech setzen.
2. Erdbeeren waschen und vierteln.
3. Nun Mehl, Zucker, Kokosflocken und Backpulver in einer Schüssel vermischen.
4. Rapsöl, Hafermilch und Apfelessig vermischen.
5. Nun alles miteinander vermischen und gut unterheben.
6. Den Teig sofort gleichmäßig auf die Muffinförmchen verteilen.
7. Pro Muffin vier Erdbeerviertel leicht in den Teig drücken, sodass die Oberseite der Erdbeeren noch aus dem Teig herausragt.
8. 25 bis 30 Minuten backen.
9. Aus dem Backofen nehmen und noch ca. 5 Minuten in der Form ruhen lassen, danach aus der Form entfernen und auskühlen lassen.

Kürbiskern-Gojibeeren Muffins

Diese wunderbaren Muffins mit Kürbiskernen und gesunden Gojibeeren, die gemeinhin wegen ihrer Nährstoffdichte auch als Superfood bezeichnet werden, kommen ganz ohne Zucker und Weizen aus und schmecken dabei so gut, dass sie im Nu weggenascht sind.

Gojibeeren sind ganz erstaunliche Früchtchen: Sie liefern eine Fülle an antioxidativen sekundären Pflanzenstoffen, viel Vitamin A, Vitamin C und Vitamin E und zusätzlich noch mehr Eisen als Spinat. Doch auch die Kürbiskerne können sich sehen lassen: Sie sind sehr proteinreich, versorgen uns mit Magnesium, Zink, Eisen und Kupfer und punkten vor allem mit der Fülle an gesundheitsförderlichen sekundären Pflanzenstoffen. Zudem werden sie traditionell bei Blasen- und Prostataleiden eingesetzt.

ZUTATEN für 12 Muffins:

- 200 g Vollkorn-Einkornmehl
- 70 g gemahlene Kürbiskerne
- 50 g Birkenzucker
- 16 g Weinstein-Backpulver
- 40 g Gojibeeren
- 12 getrocknete Datteln, entkernt
- 200 g Sojajoghurt
- 150 ml Hafermilch
- 80 ml Rapsöl
- 2 TL Apfelessig
- 12 TL gemahlene Kürbiskerne

ZUBEREITUNG:

1. Den Backofen auf 180 °C Ober-/Unterhitze (160 °C Umluft) vorheizen und Papierförmchen in das Muffinblech setzen.
2. Datteln mit Hafermilch im Standmixer, mit der Küchenmaschine oder dem Pürierstab so lange mixen, bis eine geschmeidige Milch ohne Dattelstückchen entsteht.
3. Mehl, Kürbiskerne, Zucker, Backpulver und Gojibeeren mischen. Dattel-Hafermilch-Mischung, Sojajoghurt, Rapsöl und Apfelessig hinzugeben und alles gut verrühren.
4. Teig in die Muffinförmchen füllen und mit jeweils einem Teelöffel voll gemahlenen Kürbiskernen bestreuen.
5. Im Ofen ca. 25 bis 30 Minuten backen. Danach noch ca. 10 Minuten in der Form und anschließend auf einem Kuchengitter auskühlen lassen.

Apfel-Mohn Muffins

Diese leckeren Apfel-Mohn-Muffins sind vollgestopft mit Kalzium, wertvollen Mineralien, Spurenelementen, Vitaminen und gesunden Fettsäuren. Zudem sind sie weizenfrei und aus Vollkornmehl gebacken. Mjam!

ZUTATEN für 12 Portionen:

- 250 g Einkorn -Vollkornmehl
- 16 g Weinstein-Backpulver
- 55 g Mohn gemahlen
- ½ TL Kurkuma
- 1 TL Zimt
- 250 ml Hafermilch
- 100 ml Pflanzenöl
- 100 g Vollrohrzucker
- 1 Schuss Rum
- 1 Apfel

ZUBEREITUNG:

1. Ofen auf 160° Umluft (180° Ober-/Unterhitze) vorheizen und Papierförmchen in das Muffinblech setzen.
2. Mehl, Mohn, Zucker, Zimt, Kurkuma und Backpulver vermischen.
3. Öl, Wasser und Sojamilch mit einem Schuss Rum mischen. Wer es etwas süßer mag, kann noch 2 EL Zucker extra dazugeben.
4. Nun entfernt man das Kerngehäuse aus dem Apfel und schneidet ihn in feine Spalten von ca. 1 cm Dicke und stellt diese beiseite.
5. Mehlmischung zügig unter die Sojamilch-Mischung rühren und den Teig in die Muffinförmchen einfüllen.
6. Pro Muffin je 2 bis 3 vorbereitete Apfelspalten in den Teig drücken und ab in den Ofen!
7. Etwa 25 Minuten durchbacken. Die Muffins danach noch ca. 10 Minuten im Ofen ruhen lassen. Danach auf ein Kuchengitter stellen und auskühlen lassen.

Blaubeer-„Käse

Blaubeermuffins liebt wohl jeder und Blaubeer-„Käsekuchen"-Muffins schmecken sogar noch besser! Diese vegane Variante des Klassikers ist glutenfrei, zuckerreduziert und mit einem hohen Vollkornanteil.

Blaubeeren sind zudem äußerst vorteilhaft für unsere Gesundheit: sie wirken antioxidativ und enthalten viele sekundäre Pflanzenstoffe, wie Polyphenole, die vor Herz-Kreislauf- und Krebserkrankungen schützen. Zudem zeichnen sie sich durch eine hohe Vitamin- und Mineralstoffdichte aus und liefern viele Ballaststoffe. Blaubeeren gelten als antibakteriell, entwässernd, blutstillend und beruhigend.

ZUTATEN FÜR 12 STÜCK:

TEIGSCHICHT:

- 45 g Vollkorn-Reismehl
- 45 g Buchweizenmehl
- 70 g vegane Margarine
- 1 TL Chiasamen
- 4 EL Wasser
- 1 TL Flohsamenschalen
- 1 TL Weinstein-Backpulver
- 50 g Ahornsirup

KÄSESCHICHT:

- 420 g Sojajoghurt
- 50 g vegane Margarine
- 1 Packung Puddingpulver Vanille
- 1 EL Sojamehl
- 50 g Birkenzucker
- 50 g Vollrohrzucker
- Schalenabrieb von ½ Bio-Zitrone
- 1 EL Zitronensaft
- 100 g Blaubeeren (Heidelbeeren), frisch oder tiefgekühlt

...chen" Muffins

ZUBEREITUNG:

1. Ofen auf 200 °C Ober-/Unterhitze (180 °C Heißluft) vorheizen. Muffinblech gut mit Margarine einfetten, vor allem auch die Seiten der Mulden.
2. 12 Backpapierstreifen von ca. 2 x 15 cm ausschneiden und in jede Mulde einen Streifen legen. Dies dient dazu, die Muffins nach dem Backen leichter aus der Form zu bekommen.
3. Zuerst alle Zutaten für die Teigschicht mit dem Mixer zu einem Teig verarbeiten und ca. 10 Minuten ruhen lassen.
4. In der Zwischenzeit die Zutaten für die Käseschicht, bis auf die Blaubeeren, mit dem Mixer verrühren.
5. Nun die Teigschicht mit einem Esslöffel gleichmäßig in den Formen verteilen und mit einem kleinen Löffel verstreichen. Dies ergibt ca. 1 EL pro Muffin.
6. Darauf die Hälfte der Heidelbeeren platzieren. Darüber die Sojajoghurt-Schicht esslöffelweise verteilen und am Schluss noch die restlichen Heidelbeeren darauf platzieren.
7. Im Ofen 30 Minuten backen und danach vollständig – am besten im Kühlschrank – auskühlen lassen. Es ist normal, dass die Sojajoghurt-Schicht anfangs noch etwas flüssig ist, dies ändert sich jedoch, sobald sie komplett ausgekühlt ist. Dann wird sie wunderbar fest und cremig.
8. Mit einem Messer nun rundum jeden Muffin vorsichtig vom Blech lösen und mit dem Backpapierstreifen behutsam aus der Form heben.

Kernige Müsli Muffins

Diese wunderbaren Muffins sind das perfekte Frühstück to go! Egal ob als Snack bei der Arbeit, an der Uni oder in der Pausenbox in Schule oder Kindergarten: Die zuckerfreien Muffins überzeugen mit ihrem kernigen Geschmack Groß und Klein. Zudem liefern sie viele Ballaststoffe sowie wertvolle und entzündungshemmende Omega-3-Fettsäuren, reichlich Proteine, Mineralstoffe und Spurenelemente.

ZUTATEN für 12 Muffins:

- 150 g Dinkelmehl
- 80 g Haferflocken
- 50 g geriebene Haselnüsse
- 16 g Weinstein-Backpulver
- 20 g Leinsamen
- 2 EL Chiasamen
- 50 g Rosinen
- 1 TL Zimt
- 1 TL gemahlene Vanille
- ½ TL Kurkuma
- 1 EL Apfelessig
- 100 ml Rapsöl
- 220 ml Hafermilch
- 12 Datteln
- 1 Apfel

ZUBEREITUNG:

1. Den Backofen auf 180 °C Ober-/Unterhitze (160 °C Umluft) vorheizen und Papierförmchen in ein Muffinblech setzen.
2. Datteln klein schneiden und mit der Hafermilch im Standmixer oder in der Küchenmaschine so lange pürieren, bis alle Dattelstückchen fein püriert sind.
3. Alle trockenen Zutaten (Mehl, Haferflocken, Haselnüsse, Leinsamen, Chiasamen, Rosinen, Zimt, Vanille und Kurkuma) vermischen.
4. Den Apfel waschen und mit Schale grob raspeln. Unter die Mehlmischung heben.
5. Die nassen Zutaten (Rapsöl, Dattel-Hafermilch, Apfelessig) nun ebenfalls vermengen und mit der Mehlmischung gut verrühren.
6. In die Förmchen füllen und ca. 25 bis 30 Minuten im Ofen backen. Danach ca. 10 Minuten in der Form und anschließend auf einem Kuchengitter auskühlen lassen.

Zitronen-Chia Muffins

Saure Zitrone trifft knackige Chiasamen: Diese zuckerfreien Vollkorn-Muffins überzeugen durch ihren zitronigen Geschmack und die gesunden Inhaltsstoffe. Chiasamen sind wahre Nährstoffbomben. Sie liefern alle essentiellen Aminosäuren, viele wertvolle Omega-3-Fettsäuren sowie Vitamine, Ballaststoffe, Mineralien und Spurenelemente. Zitronen enthalten viel Vitamin C und strotzen nur so vor Mineralstoffen. Sie wirken – anders als der Geschmack vermuten lassen würde – im Körper basisch.

ZUTATEN für 12 Stück:

- 250 g Vollkorn-Einkornmehl
- 40 g Chiasamen
- 50 g Birkenzucker
- 50 g Kokosblütenzucker
- 16 g Weinstein-Backpulver
- 2 TL gemahlene Vanille
- 250 ml Hafermilch
- 100 ml Rapsöl
- Saft von 2 Zitronen
- 12 Tropfen ätherisches Zitronenöl, Bioqualität

ZUBEREITUNG:

1. Den Backofen auf 180 °C Ober-/Unterhitze (160 °C Umluft) vorheizen und Papierförmchen in das Muffinblech setzen.
2. Trockene Zutaten (Mehl, Chiasamen, Birkenzucker, Kokosblütenzucker, Backpulver und Vanille) mischen.
3. Nasse Zutaten (Hafermilch, Rapsöl, Zitronensaft und Zitronenöl) ebenfalls vermengen und anschließend unter die Mehlmischung heben.
4. Den Teig in die Muffinförmchen füllen und ca. 25 bis 30 Minuten backen. Anschließend noch ca. 10 Minuten in der Form und danach auf einem Kuchengitter auskühlen lassen.

Pflaumen Muffins

Diese Pflaumen-Muffins sind nicht nur optisch ein Highlight, sondern auch geschmacklich! Die Säure der Früchte vereint sich perfekt mit der Süße des Teigs zu einem zuckerfreien Gesamtkunstwerk.

Auch für unsere Gesundheit sind Pflaumen sehr zuträglich. Sie enthalten viele Vitamine, wie etwa Provitamin A, B-Vitamine und die Vitamine C, E und K. Ebenso findet sich in Pflaumen viel Zink für unser Immunsystem, Kupfer für die Blutbildung, Kalzium für gesunde Knochen und Bor für einen ausgeglichenen Hormonhaushalt.

ZUTATEN für 12 Stück:

- 150 g Vollkorn-Einkornmehl
- 100 g geriebene Mandeln
- 1 EL Sojamehl
- 40 g Kokosblütenzucker
- 50 g Birkenzucker
- 16 g Backpulver
- 1 TL gemahlene Vanille
- 1 TL Zimt
- 6 Pflaumen (rot und gelb)
- 80 ml Rapsöl
- 220 ml Hafermilch
- 1 TL Apfelessig

ZUBEREITUNG:

1. Den Backofen auf 180 °C Ober-/Unterhitze (160°C Umluft) vorheizen und Papierförmchen in das Muffinblech setzen.
2. Mehl, Mandeln, Sojamehl, Zucker, Backpulver, Zimt und Vanille mischen.
3. Rapsöl, Hafermilch und Essig vermengen und unter die Mehlmischung heben. Alles gut verrühren.
4. Pflaumen halbieren. Den Teig auf die Förmchen aufteilen und darauf jeweils eine halbe Pflaume setzen.
5. Im Backofen nun ca. 25 bis 30 Minuten backen. Danach noch ca. 10 Minuten in der Form rasten lassen und anschließend entweder noch warm servieren oder auf einem Kuchengitter auskühlen lassen.

TIPP: Auch mit Zwetschgen, Aprikosen oder Ringlotten (Mirabellen) schmecken diese Muffins hervorragend!

Rohköstliche

Mangos, Cashews und Kakaopulver sind die Stars dieser Muffins und sorgen für süße Erfrischung. Mangos liefern viele Vitamine, allen voran Provitamin A sowie die Vitamine C und E. Zudem liefert die Tropenfrucht Kalium, Kalzium und Magnesium. Im Kakao finden wir unter anderem Kalium und Magnesium sowie die Aminosäure Tryptophan, eine Vorstufe der Hormone Serotonin und Dopamin, welche die Stimmung aufhellen und für Wohlbefinden sorgen.

Für Rohkostmuffins müssen alle Zutaten natürlich in Rohkostqualität vorliegen. Sollte dir dies nicht so wichtig sein, kannst du auch einfach normale Cashews und normales Kakaopulver verwenden.

ZUTATEN für 12 Stück:

BODEN:

- 6 Datteln
- 6 EL Wasser
- 110 g Mandeln, 1 Stunde in handwarmem Wasser eingeweicht
- 1 Prise Salz
- 2 gehäufte EL rohes Kakaopulver

CREMESCHICHT:

- Saft von 1 Zitrone
- 280 g Cashews, 1 Stunde in handwarmem Wasser eingeweicht
- 2 TL Flohsamenschalen
- 1 TL Vanille, gemahlen
- 2 EL Kokosöl, flüssig
- 3 EL Agavendicksaft
- 100 g Wasser

MANGOSCHICHT:

- 2 frische reife Mangos
- 2 TL Johannisbrotkernmehl
- 1 TL Flohsamenschalen

Mango Muffins

ZUBEREITUNG:

1. Zuerst Mandeln und Cashews in eigenen Gefäßen mindestens 1 Stunde in handwarmem Wasser einweichen. Danach das Wasser abgießen und wegschütten.
2. Für den Boden Datteln in kleine Stücke schneiden und mit dem Wasser in einem starken Standmixer oder der Küchenmaschine (notfalls mit dem Pürierstab) cremig mixen. Nun rasch die Mandeln hinzufügen und alles zu einer stückigen Masse mixen. Kakaopulver hinzugeben und mit der Mandel-Dattel-Masse vermischen.
3. Je 1 EL der Mischung in jede Mulde der Muffinform drücken, sodass der Boden gleichmäßig damit bedeckt ist. Das Muffinblech danach in den Kühlschrank stellen.
4. Nun alle Zutaten für die Cremeschicht im Mixer zu einer feinen Creme mixen. Notfalls tut es auch der Stabmixer, allerdings wird die Creme dann nicht so fein.
5. Nun die Cremeschicht gleichmäßig auf den vorbereiteten Boden der Muffins verteilen und am besten mit einem kleinen Löffel glattstreichen.
6. Die Mangos schälen, würfeln und mit dem Johannisbrotkernmehl zu einem feinen Gelee vermixen. Dieses sofort auf der Cremeschicht verteilen und wieder glattstreichen.
7. Die Muffins müssen nun noch mindestens 2 Stunden im Kühlschrank ruhen und danach noch mindestens 1 Stunde im Tiefkühlfach einfrieren. Dort können sie auch bis ca. 1 Stunde vor dem Verzehr aufbewahrt werden, falls sie erst zu einem späteren Zeitpunkt verzehrt werden sollen.
8. Vor dem Verzehr die Muffins leicht antauen lassen (ca. 15 Minuten), mit einem Messer vorsichtig aus der Vertiefung heben, auf einem Teller anrichten und bis zur gewünschten Konsistenz auftauen lassen.

Bananenbrot-Muffins mit Himbeertopping

Nachdem Bananenbrot bei mir zu Hause zu den beliebtesten Gebäcken gehört (mein Mann und mein Sohn lieben es!), musste natürlich auch eine Muffin-Version davon her. Bananen zählen nach Äpfeln zum beliebtesten Obst der Deutschen, Österreicher und Schweizer. Nicht zu Unrecht, wie ich finde, denn sie enthalten viel Vitamin B6, Folsäure, Kalium und Magnesium. Zudem findet man in ihnen die Stoffe Serotonin, Noradrenalin und Dopamin, die stimmungsaufhellend wirken und für gute Laune sorgen.

ZUTATEN für 12 Stück:

- 5 reife (!) Bananen
- 150 g Buchweizenmehl
- 100 g Mandeln
- 50 g glutenfreie Haferflocken
- 4 Datteln
- 5 EL Wasser
- Saft von ½ Zitrone
- 50 ml Rapsöl
- 50 ml Reismilch
- 4 TL Weinstein-Backpulver
- ½ TL gemahlene Vanille
- 1 TL Zimt
- 1 TL Flohsamenschalen
- 1 Handvoll Sultaninen

ZUTATEN für das Topping:

- 200 g Himbeeren (frisch oder TK)
- 2 TL Flohsamenschalen
- ½ TL gemahlene Vanille

ZUBEREITUNG:

1. Backofen auf 160 °C Umluft (180 °C Ober-/Unterhitze) vorheizen und ein Muffinblech gut mit Margarine einfetten.
2. Datteln klein schneiden und mit dem Wasser und der Reismilch pürieren.
3. Bananen schälen, in Stücke schneiden und mit dem Kartoffelstampfer zu einem Brei stampfen.
4. Restliche Zutaten dazugeben und verrühren. Den Teig anschließend auf die Muffinbackform verteilen.
5. Muffins ungefähr 25 Minuten backen und danach in der Form auskühlen lassen. Muffins vorsichtig mit einem Messer vom Rand lösen und aus der Form nehmen.
6. Für das Topping Himbeeren mit Flohsamenschalen und Vanille pürieren, als Saucenspiegel auf dem Teller anrichten und die Muffins mittig daraufsetzen.

TIPP: Wer auf glutenfrei keinen großen Wert legt, kann dieses Rezept auch mit normalen Haferflocken backen und die Hälfte des Buchweizenmehls durch normales Vollkorn-Einkornmehl ersetzen.

Apfel-Kürbiskern-Muffins mit Blüten

Herbst trifft Sommer: Äpfel und Kürbiskerne werden hier mit sommerlichen Blüten kombiniert und erfreuen nicht nur das Auge, sondern auch den Gaumen.

Äpfel bieten mit über 30 verschiedenen Vitaminen und Mineralstoffen eine Fülle an gesunden Inhaltsstoffen, sie fördern die Verdauung und zudem wirkt das enthaltene Pektin entgiftend. Kürbiskerne komplettieren das Nährstoffangebot: Sie liefern über 80 Prozent ungesättigte Fettsäuren sowie Vitamin E und Provitamin A, Zink, Magnesium, Selen und Eisen.

ZUTATEN für 12 Muffins:

- 200 g Vollkorn-Einkornmehl
- 50 g geriebene Kürbiskerne
- 90 g Rohrzucker
- 16 g Weinstein-Backpulver
- 2 EL getrocknete essbare Blüten, gemischt (z. B. Rosen, Kornblumen, Sonnenblumen, Ringelblumen …)
- 1 TL Vanillepulver
- 1 TL Kurkuma
- ¼ TL Zimt
- 1 Msp. gemahlene Nelken
- 1 Msp. gemahlener Ingwer
- 200 ml Hafermilch
- 80 ml Rapsöl
- 1 EL Apfelessig
- 1 Apfel

ZUTATEN für das Topping:

- 1 EL Zitronensaft
- 3 EL Puderzucker
- ca. 2 EL getrocknete essbare Blüten, gemischt

ZUBEREITUNG:

1. Backofen auf 180 °C Ober-/Unterhitze (160 °C Umluft) vorheizen und Papierförmchen in ein Muffinblech setzen.
2. Mehl, Kürbiskerne, Rohrzucker, Backpulver und Gewürze mischen.
3. Apfel mit Schale grob raspeln und unter die Mehlmischung heben.
4. Hafermilch, Rapsöl und Apfelessig vermengen und ebenfalls unter die Mehlmischung rühren.
5. Muffins ungefähr 25 bis 30 Minuten backen und danach noch ca. 10 Minuten in der Form und anschließend auf einem Kuchengitter komplett auskühlen lassen.
6. Für das Topping Zitronensaft und Puderzucker vermischen und jeweils einen Klacks auf die ausgekühlten Muffins geben und mit den getrockneten Blüten bestreuen.

Walnuss-Pflaumen Muffins

Diese Muffins gehören zu meinen absoluten Favoriten: Ich liebe die Kombination von Walnuss, Schokolade und Pflaumen! Die klein geschnittenen getrockneten Pflaumen im Muffinteig schmecken wie kleine Nester aus Powidl (Pflaumenmus) – süß, fruchtig und absolut göttlich!

Getrocknete Pflaumen wirken übrigens positiv auf unsere Verdauung und überzeugen mit einer Fülle an Mineralstoffen und Spurenelementen. Die in den Muffins enthaltenen Walnüsse sind gut für unser Gehirn und versorgen uns mit reichlich ungesättigten Fettsäuren, allen voran den wertvollen Omega-3-Fettsäuren. Wer regelmäßig Walnüsse isst, reduziert zudem sein Krebsrisiko sowie das Risiko für Herz-Kreislauf-Erkrankungen.

ZUTATEN für 12 Muffins:

- 180 g Vollkorn-Einkornmehl
- 80 g gemahlene Walnüsse
- 50 g getrocknete Pflaumen
- 40 g Birkenzucker
- 60 g Rohrzucker
- 2 TL Chiasamen
- 16 g Weinstein-Backpulver
- 250 ml Soja- oder Hafermilch
- 80 ml Rapsöl
- 2 TL Apfelessig
- 1 TL Zimt

ZUTATEN für den Guss:

- 50 g vegane Kuvertüre
- 12 Walnusshälften

ZUBEREITUNG:

1. Backofen auf 180 °C Ober-/Unterhitze (160 °C Umluft) vorheizen und Papierförmchen in ein Muffinblech setzen.
2. Mehl, Walnüsse, Birkenzucker, Rohrzucker, Backpulver, Chiasamen und Zimt mischen.
3. Pflanzenmilch, Rapsöl und Apfelessig vermengen und unter die Mehlmischung rühren.
4. Muffins ungefähr 25 bis 30 Minuten backen und danach noch ca. 10 Minuten in der Form und anschließend auf einem Kuchengitter komplett auskühlen lassen.
5. Für den Guss die Kuvertüre über dem Wasserbad schmelzen und auf die Muffins pinseln. Zum Schluss eine Walnusshälfte in die Mitte jedes Muffins setzen.

Nach dem Backen

Rote-Bete-Mandel Muffins

Die Roten Beten (auch rote Rüben oder Rauna, wie sie bei uns in Österreich auch genannt werden) färben diese Muffins leicht rot und verleihen ihnen einen wunderbaren Geschmack. Zusätzlich bieten sie eine Menge an verschiedenen B-Vitaminen, vor allem Folsäure, zudem Kalium und Eisen. Auch wirkt der rote Farbstoff antioxidativ und blutbildend

ZUTATEN für 12 Muffins:

- 150 g Rote Beten (gekocht)
- 160 g Dinkel-Vollkornmehl
- 100 g Mandeln, gerieben
- 50 g Birkenzucker
- 14 Datteln
- 100 ml Rapsöl
- 200 ml Wasser
- 16 g Backpulver
- 1 TL Kurkuma
- 1 TL Vanillepulver
- 2 TL Zitronensaft

ZUTATEN für die Zitronenglasur:

- 12 TL Birkenzucker, fein gemahlen
- 2 EL Zitronensaft

ZUBEREITUNG:

1. Backofen auf 180 °C Ober-/Unterhitze (160 °C Umluft) vorheizen und Papierförmchen in ein Muffinblech setzen.
2. Dinkel-Vollkornmehl, Mandeln, Birkenzucker, Backpulver, Vanille und Kurkuma mischen.
3. Wasser mit den Datteln in einem leistungsstarken Standmixer oder mit dem Pürierstab pürieren, bis keine Stückchen mehr vorhanden sind.
4. Rote Rüben, Datteln, Rapsöl, Wasser und Zitronensaft hinzufügen und nochmal pürieren. Es können ruhig kleinere Stücke der Roten Rüben erhalten bleiben.
5. Die trockenen und die feuchten Zutaten miteinander vermengen und auf die Papierförmchen verteilen.
6. Im Backofen 25 bis 30 Minuten backen. Danach aus dem Ofen holen, noch 5 Minuten in der Form und danach auf einem Kuchengitter auskühlen lassen.
7. Für die Glasur den Zitronensaft mit dem fein gemahlenen Birkenzucker vermischen und auf die ausgekühlten Muffins streichen. Darauf achten, dass der Birkenzucker wirklich sehr fein ist, sonst funktioniert die Glasur nicht, da sich der Birkenzucker nicht auflöst! Notfalls den Zucker im Mixer nochmals „nachmahlen".

Apfelrosen Muffins

Dieses Blitz-Rezept für vegane Apfelrosen-Muffins zaubert im Nu wunderbare Apfelrosen – und Ihren Gästen sicher ein Lächeln ins Gesicht. Äpfel bieten mit über 30 verschiedenen Vitaminen (Provitamin A, die Vitamine B1, B2, B6, Folsäure und Niacin sowie Vitamin E und C) und Mineralstoffen eine Fülle an gesunden Inhaltsstoffen, sie fördern die Verdauung und wirken entgiftend.

ZUTATEN für 9 Stück:

- 1 Packung veganer Blätterteig
- 5 TL Aprikosenmarmelade
- 1 ½ Äpfel

ZUBEREITUNG:

1. Den Ofen auf 200 °C Ober-/Unterhitze vorheizen und Papierförmchen in ein Muffinblech setzen.
2. Den Teig ausrollen und quer in neun ca. 3 bis 4 cm dicke Streifen schneiden.
3. Jeden Streifen auf der unteren Hälfte mit Marmelade bestreichen. Äpfel halbieren und mit der Küchenmaschine oder einem Hobel in hauchdünne Scheiben schneiden. Dies ist sehr wichtig, denn sind die Apfelscheiben zu dick, kann man die Rosen nicht einrollen.
4. Nun jeden Teigstreifen an der Längsseite überlappend mit den Apfelscheiben belegen. Die Schale ragt dabei ca. 1 cm über den Teig hinaus. Die letzten 2 cm frei lassen.
5. Jeder Teigstreifen wird nun eingerollt und in eine Muffinmulde gesetzt. Die Apfelrosen werden nun im Ofen noch ca. 10 bis 15 Minuten gebacken. Wenn der Teig leicht gebräunt ist, sind die Rosen fertig.

TIPP: Im Sommer kann man zusätzlich noch feine Erdbeerscheiben mit einrollen. Anstelle der Äpfel eignen sich auch feste Pflaumen oder Zwetschgen.

„Spiegelei" Muffins

Die perfekten Muffins nicht nur zu Ostern: bei Kindern beliebt und der Hingucker bei jeder Party! Diese zuckerreduzierten Vollkorn-Muffins schmecken verboten gut. Zudem sind sie auch noch gesund. Aprikosen (Marillen) haben von allen Obstsorten den höchsten Gehalt an Provitamin A, das äußerst antioxidativ wirkt und das Krebsrisiko vermindern kann. Zudem schützt Provitamin A die Haut vor UV-Strahlung und sorgt für ein jugendliches Erscheinungsbild.

ZUTATEN für 12 Stück:

- 250 g Vollkorn-Einkornmehl
- 16 g Backpulver
- 1 TL Kurkuma
- 40 g Birkenzucker
- 60 g Kokosblütenzucker
- 220 ml Hafermilch
- 80 ml Rapsöl

ZUTATEN für die Dekoration:

- 12 Aprikosenhälften, Konserve
- 150 g Sojajoghurt, ungesüßt
- 75 g Cashewnüsse
- 40 g Kokosflocken
- 30 g Birkenzucker

ZUBEREITUNG:

1. Backofen auf 180 °C Ober-/Unterhitze (160 °C Umluft) vorheizen und Papierförmchen in ein Muffinblech setzen.
2. Einkornmehl, Zucker, Backpulver und Kurkuma vermengen.
3. Hafermilch und Rapsöl mischen. Nun die trockenen und die nassen Zutaten gut miteinander verrühren und auf die Muffinförmchen verteilen.
4. Muffins 25 bis 30 Minuten backen, danach noch ca. 10 Minuten im Muffinblech ruhen lassen, dann auf einem Kuchengitter gänzlich auskühlen lassen.
5. Für die Deko Cashews in einem Standmixer oder der Küchenmaschine fein mahlen. Nun alle Zutaten für die Deko, bis auf die Aprikosenhälften, mischen und ca. 30 Minuten im Kühlschrank ziehen lassen.
6. Die Sojajoghurtmasse gleichmäßig auf den Muffins verteilen und die Aprikosenhälften in die Mitte setzen.

TIPP: Anstelle von Aprikosenhälften kann man auch kleine Pfirsichhälften verwenden.

Johannisbeer Muffins

Fruchtig, sauer, süß: Diese Muffins sorgen für eine wahre Geschmacksexplosion im Mund. Damit nicht genug, sind Johannisbeeren (Ribisel) auch noch äußerst gesund: Sie enthalten viel Vitamin C (150 g Johannisbeeren enthalten mehr Vitamin C als 6 Zitronen!) und eine Menge Antioxidantien.

ZUTATEN für 12 Muffins:

- 250 g Vollkorn-Dinkelmehl
- 60 g Kokosblütenzucker
- 50 g Birkenzucker
- 80 ml Rapsöl
- 250 ml Hafermilch
- Saft von ½ Zitrone
- 16 g Backpulver
- ½ TL gemahlene Vanille
- 150 g gemischte Johannisbeeren (Ribisel)
- 1 EL Chiasamen

ZUBEREITUNG:

1. Ofen auf 180 °C Ober-/Unterhitze (160 °C Umluft) vorheizen.
2. Zuerst alle trockenen Zutaten (Mehl, Zucker, Backpulver, Vanille und Chiasamen) vermischen, dann alle flüssigen (Rapsöl, Hafermilch, Zitronensaft).
3. Anschließend alles miteinander verrühren und die Johannisbeeren unterheben.
4. Ab in die Muffinförmchen und ca. 25 Minuten backen!

Zitronen-Blaubeer Muffins

Wüsste man es nicht besser, könnte man meinen, diese Muffins wären mit Quark (Topfen) gemacht. Die Kombination aus Sojajoghurt und Zitronensaft ergibt einen quarkähnlichen Geschmack, der die Süße der Blaubeeren (Heidelbeeren) besonders gut zur Geltung bringt.

Blaubeeren begeistern aber nicht nur durch ihren Geschmack, sondern auch mit ihrer Vitalstoffdichte. Sie enthalten viele Vitamine, Mineralstoffe und zudem noch viele wertvolle sekundäre Pflanzenstoffe, die förderlich für unsere Gesundheit sind.

ZUTATEN für 12 Stück:

- 250 g Dinkelmehl
- 50 g Birkenzucker
- 50 g Rohrzucker
- 200 g Blaubeeren (frisch oder TK)
- 16 g Weinstein-Backpulver
- 120 ml Rapsöl
- 250 g Sojajoghurt
- 2 Zitronen

ZUBEREITUNG:

1. Backofen auf 180 °C Ober-/Unterhitze (160 °C Umluft) vorheizen und Papierförmchen in ein Muffinblech setzen
2. Mehl, Zucker, Backpulver, den Schalenabrieb einer halben Zitrone und die Hälfte der Blaubeeren miteinander vermischen.
3. Öl, Saft von zwei Zitronen und Sojajoghurt vermengen und unter die Mehlmischung heben.
4. Muffinteig in die Förmchen einfüllen, die restlichen Blaubeeren darauf verteilen und 25 bis 30 Minuten backen.
5. Danach noch ca. 5 Minuten in der Form ruhen lassen und anschließend auf einem Kuchengitter auskühlen lassen.

TIPP: Auch mit Himbeeren oder Erdbeeren schmecken diese Muffins wahnsinnig lecker.

Cranberry-Sesam Muffins

Diese Muffins begeistern mit einem Hauch von Sesam und der säuerlichen Frische von Cranberrys. Damit sind diese Muffins gute Eisenlieferanten, denn sowohl Sesam als auch Cranberrys bieten uns große Mengen dieses wertvollen Spurenelements, das vor allem für die Blutbildung wichtig ist. Ein einzelner Muffin versorgt uns bereits mit ca. 17 Prozent des Tagesbedarfs an Eisen.

ZUTATEN für 12 Stück:

- 110 g Buchweizen-Vollkornmehl
- 110 g Dinkelvollkornmehl
- 80 g Sesam
- 110 g getrocknete Cranberrys
- 60 g Rohrzucker
- 50 g Birkenzucker
- 1 TL Apfelessig
- 16 g Backpulver
- 100 ml Rapsöl
- 250 ml Hafermilch
- 1 TL Zimt
- 1 TL Chiasamen
- 4 TL Wasser

TOPPING:

- 1 EL Preiselbeermarmelade
- 12 getrocknete Cranberrys
- Sesam zum Bestreuen

ZUBEREITUNG:

1. Ofen auf 180 °C Ober-/Unterhitze vorheizen (160 °C Umluft) und ein Muffinblech mit Papierförmchen bestücken.
2. Chiasamen mit dem Wasser in einer kleinen Schüssel verrühren und beiseitestellen.
3. Cranberrys grob hacken.
4. Mehl mit Sesam, Zucker, Backpulver, Zimt und gehackten Cranberrys mischen.
5. Nun Apfelessig, Rapsöl und Hafermilch vermengen und mit der Chia-Wasser-Mischung zu den trockenen Zutaten geben. Alles gut unterheben.
6. Mischung auf die Förmchen verteilen und mit Sesam bestreuen. Im Ofen ca. 25 bis 30 Minuten backen.
7. Muffins aus dem Ofen nehmen und in der Form ca. 5 Minuten ruhen lassen, dann aus der Backform entfernen. Je Muffin eine getrocknete Cranberry mit etwas Preiselbeermarmelade bestreichen und in die Mitte des Muffins setzen. Mit Sesam bestreuen.

Zitronen-Kokos-Muffins mit Kurkuma

Diese Muffins mit quietschgelber Füllung sind nicht nur ein echter Hingucker, sondern schmecken herrlich säuerlich und sind nicht zu süß. Somit sind sie die perfekte Erfrischung für heiße Sommertage. Aber auch an kalten Wintertagen schmecken sie wunderbar exotisch-fruchtig und versüßen uns mit ihrem herrlich sommerlichen Zitronen-Kokos-Aroma die dunkle Jahreszeit. Durch Kurkuma und die Zitronenschalen wirken die zuckerfreien Muffins zudem entzündungshemmend, antibakteriell und stimmungsaufhellend. Der Zitronensaft versorgt uns zusätzlich mit wertvollen Mineralstoffen und Vitaminen.

ZUTATEN für 10 Stück:

- 1 Packung veganer Blätterteig
- 200 ml Kokosmilch
- 100 g Kokosflocken
- Saft von 2 Zitronen
- Schalenabrieb einer halben Zitrone
- 2 EL Maisstärke
- 50 g Birkenzucker
- 1 TL Kurkuma
- Kokosflocken zum Bestreuen
- etwas Pfeffer

ZUBEREITUNG:

1. Ofen auf 220 °C Ober-/Unterhitze vorheizen (200 °C Umluft) und ein Muffinblech mit kleinen Quadraten aus Backpapier von ca. 10 x 10 cm Größe auslegen.
2. Für die Füllung Kokosmilch, Zitronensaft, Maisstärke, Birkenzucker, Kokosflocken und Kurkuma vermischen.
3. Den Blätterteig in 10 gleich große Rechtecke scheiden und in die mit Backpapier ausgelegten Vertiefungen der Muffinform drücken, sodass sowohl Boden als auch Seiten mit Teig bedeckt sind.
4. Die Füllung auf die Muffins verteilen.
5. Die Muffins 15 Minuten backen und im Backblech auskühlen lassen.
6. Danach noch mit einer Prise Pfeffer und Kokosflocken bestreuen und gekühlt servieren.

TIPP: Wenn die Muffins nicht fruchtig genug sind, kannst du im Sommer vor dem Backen noch saisonale Früchte, wie etwa Erdbeeren oder Kirschen, auf die Füllung setzen.

Himbeer-Chocolate-Chip Muffins

Diese Muffins enthalten wenig Zucker, lediglich in den veganen Chocolate Chips findet sich herkömmlicher Haushaltszucker. Trotzdem – oder vielleicht gerade deswegen – schmecken diese Muffins verboten gut. Zusätzlich zum wunderbaren Geschmack haben Himbeeren auch noch gesundheitliche Vorteile: Sie enthalten größere Mengen an den Vitaminen C und K sowie Kupfer, Mangan und Eisen. Auch der sekundäre Pflanzenstoff Ellagsäure, der die Fettverbrennung ankurbelt und zudem vorbeugend gegen unterschiedliche Krebsarten wirkt, findet sich in großen Mengen in Himbeeren.

ZUTATEN für 12 Muffins:

- 70 g Haselnüsse
- 100 g Vollkorn-Einkornmehl
- 100 g Vollkorn-Dinkelmehl
- 50 g Birkenzucker
- 50 g Kokosblütenzucker
- 16 g Weinstein-Backpulver
- 60 g vegane Chocolate-Chips
- 80 ml Rapsöl
- 200 ml Hafermilch
- 2 TL Apfelessig
- 200 g Himbeeren (frisch oder tiefgekühlt)

ZUBEREITUNG:

1. Ofen auf 180 °C Ober-/Unterhitze vorheizen (160 °C Umluft) und ein Muffinblech mit Papierförmchen auslegen.
2. Alle trockenen Zutaten (Haselnüsse, Mehle, Birkenzucker, Kokosblütenzucker, Backpulver und Chocolate Chips) mischen.
3. Alle nassen Zutaten (Rapsöl, Hafermilch und Apfelessig) nun ebenfalls vermengen.
4. Die Himbeeren unter die Mehlmischung heben und anschließend die Hafermilchmischung unterrühren.
5. Den Teig in die vorbereiteten Förmchen füllen und ca. 25 bis 30 Minuten im Backofen backen. Danach noch ca. 10 Minuten in der Form auskühlen lassen. Entweder noch warm servieren oder auf einem Kuchengitter komplett erkalten lassen.

Rohköstliche

Wer liebt sie nicht: Erdbeeren! Und in dieser Rohkost-Muffins-Variante schmecken sie am besten! Kein Wunder, dass Erdbeeren so beliebt sind, stecken sie doch voller wunderbarer Inhaltsstoffe. Sie enthalten viel Vitamin C und Vitamin K sowie Kalium, Magnesium, Eisen und Mangan. Zusätzlich enthalten Erdbeeren viele sekundäre Pflanzenstoffe, die Krebs und Arteriosklerose vorbeugen können.

Diese rohköstlichen Muffins sind wahre Nährstoffbomben. Bereits ein Muffin versorgt uns dank der Erdbeeren in Kombination mit Mandeln, Cashews und Datteln mit ca. 12,5 Prozent des Tagesbedarfs an Mangan und Vitamin K, etwa 20 Prozent des Tagesbedarfs an Vitamin C, B1, B3 und Phosphor sowie ca. 25 Prozent des Tagesbedarfs an Vitamin B6, Vitamin E und Magnesium sowie etwa 8 Prozent des Tagesbedarfs an Eiweiß (bei einer 65 Kilo schweren Person) und Ballaststoffen.

Wenn du auf Rohkost Wert legst, dann sollten alle Zutaten in Rohkostqualität verwendet werden.

ZUTATEN für 12 Stück:

BODEN:

- 7 Medjool-Datteln
- 110 g Mandeln
- 1 Prise Salz
- 2 EL Wasser

ZUTATEN für die Cremeschicht:

- 280 g Cashews
- 2 TL Flohsamenschalen
- 2 EL flüssiges Kokosöl
- ½ TL Vanillepulver
- Saft von 1 Zitrone
- 8 Medjool-Datteln
- 230 g Erdbeeren
- ca. 60 ml Wasser

ZUTATEN für Deko:

- 6 Erdbeeren

Erdbeer-Muffins

ZUBEREITUNG:

1. Die Mandeln und Datteln für den Boden mindestens 2 Stunden in warmem Wasser einweichen und danach abgießen. Nun alle Zutaten für den Boden im Hochleistungsmixer zu einem feinen Teig verarbeiten, gleichmäßig auf die Mulden eines Muffinblechs verteilen, am Boden festdrücken und anschließend kaltstellen.
2. Für die Cremeschicht Cashews im Hochleistungsmixer ca. 1 Minute fein mahlen und beiseitestellen. Nun die Erdbeeren mit Zitronensaft, Wasser und Datteln pürieren.
3. Danach gemahlene Cashews, Vanillepulver und Kokosöl zugeben und nochmals gut pürieren, sodass eine feine Creme entsteht. Die Creme nun auf die Muffinmulden verteilen und anschließend mindestens 3 Stunden im Tiefkühlfach fest werden lassen und dort lagern.
4. Vor dem Genuss die Muffins etwas antauen lassen (ca. 10 Minuten) und mit einem Messer vorsichtig aus den Mulden heben und auf Tellern anrichten. Bis zur gewünschten Konsistenz auftauen lassen (um komplett aufzutauen, brauchen die Muffins ca. 2 bis 3 Stunden), mit je einer halben Erdbeere verzieren und genießen.

Aprikosen-Chia Muffins

Der traditionelle Aprikosenblechkuchen wird hier als Muffin neu interpretiert. Schmeckt bombig, und das bei nur ca. 1 TL Rohrzucker pro Muffin, und bombastisch ist auch der gesundheitliche Vorteil. Die zuckerreduzierten Muffins liefern viel Provitamin A, Ballaststoffe, wertvolle Omega-3-Fettsäuren und Mineralstoffe (Kalium, Kalzium und Phosphor).

ZUTATEN für 12 Muffins:

- 150 g Vollkorn-Dinkelmehl
- 100 g Dinkelmehl
- 50 g Rohrzucker
- 40 g Birkenzucker
- 16 g Weinstein-Backpulver
- 10 g Chiasamen
- 100 ml Rapsöl
- 230 ml Hafermilch
- 1 EL Apfelessig
- 1 TL Vanillepulver
- 15 g Gojibeeren
- 12 Aprikosenhälften

ZUBEREITUNG:

1. Ofen auf 180 °C Ober-/Unterhitze vorheizen (160 °C Umluft) und ein Muffinblech mit Papierförmchen auslegen.
2. Alle trockenen Zutaten (Mehl, Zucker, Backpulver, Vanillepulver, Gojibeeren und Chiasamen) mischen.
3. Alle nassen Zutaten (Rapsöl, Hafermilch und Apfelessig) nun ebenfalls vermengen.
4. Anschließend die Hafermilchmischung unter die Mehlmischung rühren.
5. Den Teig in die vorbereiteten Förmchen füllen und je eine Aprikosenhälfte leicht in den Teig drücken. Ca. 25 bis 30 Minuten im Backofen backen. Danach noch ca. 10 Minuten in der Form auskühlen lassen. Entweder noch warm servieren oder auf einem Kuchengitter komplett erkalten lassen.

Rhabarber Muffins

Rhabarber wird jedes Jahr sehnsüchtig erwartet, gehört er doch zum ersten Gemüse nach dem Winter, das sich zu wohlschmeckenden süßen Küchlein verarbeiten lässt. Sein säuerlicher Geschmack wertet diese Muffins gewaltig auf! Zudem weist Rhabarber einen hohen Gehalt an Kalium, Kalzium, Phosphor und Vitamin C auf.

ZUTATEN für 12 Stück:

- 250 g Vollkorn-Einkornmehl
- 16 g Weinstein-Backpulver
- 60 g Kokosblütenzucker
- 60 g Birkenzucker
- 1 TL Vanillepulver
- 80 ml Rapsöl
- 200 ml Hafermilch
- 1 EL Apfelessig
- 170 g Rhabarber

ZUBEREITUNG:

1. Ofen auf 180 °C Ober-/Unterhitze vorheizen (160 °C Umluft) und ein Muffinblech mit Papierförmchen auslegen.
2. Rhabarber in ca. 1 cm lange Stücke schneiden.
3. Alle trockenen Zutaten (Mehl, Zucker, Backpulver und Vanillepulver) mischen.
4. Alle nassen Zutaten (Rapsöl, Hafermilch und Apfelessig) nun ebenfalls vermengen.
5. Anschließend die Hafermilchmischung unter die Mehlmischung rühren und die Hälfte der Rhabarberstücke unterheben.
6. Den Teig in die vorbereiteten Förmchen füllen und die restlichen Rhabarberstücke darauf verteilen. Ca. 25 Minuten im Backofen backen. Danach noch ca. 10 Minuten in der Form auskühlen lassen. Entweder noch warm servieren oder auf einem Kuchengitter komplett erkalten lassen.

Donauwellen Muffins

Die Kombination der unterschiedlichen Teige mit den Kirschen schmeckt vorzüglich und macht auch optisch was her!

Kirschen sind zudem überaus gesund. Sie sind reich an Vitamin C, Kalium und Antioxidantien. Auch verfügen sie über einen hohen Ballaststoffanteil, worüber sich nicht nur unser Darm freut! Der rote Farbstoff Anthocyan wirkt stark antioxidativ und unterstützt den Aufbau des Bindegewebes sowie eine schöne straffe Haut. In Kirschen findet man auch Melatonin, das Schlafhormon, das nicht nur für guten Schlaf sorgt, sondern ebenfalls ein starkes Antioxidans ist und unseren Körper somit jugendlich und fit hält.

ZUTATEN für 12 Muffins:

- 36 Kirschen (frisch oder abgetropft aus dem Glas, entsteint)
- 125 g Vollkorn-Einkornmehl
- 125 g Dinkelmehl
- 16 g Weinstein-Backpulver
- 1 Prise Salz
- 50 g Birkenzucker
- 65 g Vollrohrzucker
- 1 EL Apfelessig
- 220 ml Hafermilch
- 100 ml Rapsöl
- 3 EL Kakaopulver, ungesüßt
- 2 EL Hafermilch

ZUBEREITUNG:

1. Ofen auf 180 °C Ober-/Unterhitze vorheizen (160 °C Umluft) und ein Muffinblech mit Papierförmchen auslegen.
2. Die Kirschen halbieren.
3. Zuerst die trockenen Zutaten (Mehle, Backpulver, Salz und Zucker) miteinander vermischen, danach die nassen (Apfelessig, Hafermilch, bis auf die 2 EL und Rapsöl).
4. Die nassen Zutaten zur Mehlmischung geben und unterheben.
5. Die Hälfte des Teigs nun auf die Förmchen verteilen und auf jeden Teig nun sechs Kirschhälften setzen (also 3 Kirschen pro Muffin).
6. Kakaopulver und 2 EL Hafermilch zum restlichen Teig geben und nochmals gut verrühren.
7. Den restlichen Teig nun auf den Kirschen verteilen.
8. Muffins in etwa 25 Minuten backen, noch kurz im Blech ruhen und danach auf einem Kuchengitter auskühlen lassen.

Hanfsamen-Kurkuma-Latte Muffins

Die volle Dröhnung Kurkuma verspricht dieses Rezept. Die Liste der gesundheitlichen Wirkungen von Kurkuma ist lang: Kurkuma wirkt krebshemmend, antioxidativ, entzündungshemmend, gedächtnisstärkend, antibakteriell, antiviral, entgiftend, leberstärkend, um hier nur einige wenige der zahlreichen Eigenschaften der Wunderknolle aufzuzählen. Kombiniert wird die gelbe Wurzel mit gesunden Hanfsamen, die vollgepackt sind mit förderlichen Omega-3-Fettsäuren und vielen Mineralstoffen und Spurenelementen.

ZUTATEN für 12 Stück:

- 250 g Vollkorn-Einkornmehl
- 40 g geschälte Hanfsamen
- 50 g Birkenzucker
- 65 g Rohrzucker
- 16 g Backpulver
- 3 TL Kurkuma
- 1 TL gemahlene Vanille
- 1 TL gemahlener Zimt
- 1 Prise Pfeffer
- 230 ml Hafermilch
- 80 ml Rapsöl
- 2 TL Zitronensaft

ZUTATEN für die Glasur:

- 1 EL Zitronensaft
- 25 g fein gemahlener Birkenzucker
- 1 TL Kurkuma

ZUBEREITUNG:

1. Backofen auf 180 °C Ober-/Unterhitze (160 °C Umluft) vorheizen und Papierförmchen in ein Muffinblech setzen.
2. Einkornmehl, Zucker, Backpulver, Kurkuma, Vanille, Zimt und Pfeffer vermengen.
3. Hafermilch, Zitronensaft und Rapsöl mischen. Nun die trockenen und die nassen Zutaten gut miteinander verrühren und auf die Muffinförmchen verteilen.
4. Die Muffins 25 bis 30 Minuten backen, danach noch ca. 10 Minuten im Muffinblech ruhen lassen, anschließend auf einem Kuchengitter gänzlich auskühlen lassen.
5. Die Zutaten für die Glasur anrühren und damit Muster auf die Muffins malen.

Kaffee Muffins

Wunderbar samtiger Kaffeegeschmack vereint sich hier mit Schokolade und Kurkuma zu einem geschmacklichen Höhenflug! Perfekt geeignet fürs Kaffeekränzchen, als Pausenkick oder kleines Frühstückchen. Sowohl Kaffee als auch Kurkuma enthält reichlich Bitterstoffe, die die Leber stärken, unser Immunsystem anregen und uns beim Entgiften helfen.

ZUTATEN für 12 Stück:

- 200 g Dinkelmehl
- 50 g Mandeln, gemahlen
- 1 EL Kakaopulver
- 16 g Weinstein-Backpulver
- 1 TL Kurkuma
- 3 TL Instant-Kaffeepulver
- 50 g Rohrzucker
- 50 g Kokosblütenzucker
- 250 ml sehr starker kalter Kaffee
- 2 TL Apfelessig
- 80 ml Rapsöl
- 125 g veganer Schokoladen-Aufstrich

ZUBEREITUNG:

1. Backofen auf 180 °C Ober-/Unterhitze (160 °C Umluft) vorheizen und Papierförmchen in ein Muffinblech setzen
2. Dinkelmehl, Mandeln, Kakaopulver, Backpulver, Kurkuma, Instant-Kaffeepulver und Zucker vermengen.
3. Den kalten Kaffee, Apfelessig und Rapsöl mischen. Nun die trockenen und die nassen Zutaten gut miteinander verrühren und auf die Muffinförmchen verteilen.
4. Muffins 25 bis 30 Minuten backen, danach noch ca. 10 Minuten im Muffinblech ruhen lassen und anschließend auf einem Kuchengitter auskühlen lassen.
5. Auf jedem Muffin ca. 1 TL Schoko-Aufstrich glattstreichen.

Lebkuchen Muffins

Wer Lebkuchen mag, wird diese Muffins lieben. Sie schmecken wie der weihnachtliche Klassiker aus Omas Backstube, nur fluffig und schön soft. Zudem liefern sie viel Vitamin E und B1, Phosphor und Magnesium sowie Mangan und Eisen.

ZUTATEN für 12 Stück:

- 200 g Vollkorn-Dinkelmehl
- 60 g Walnüsse, gemahlen
- 16 g Weinstein-Backpulver
- 36 blanchierte Mandeln
- ½ TL Kurkuma
- 1 TL Lebkuchengewürz
- 40 g Birkenzucker
- 40 g Kokosblütenzucker
- 40 g Rosinen
- 250 ml Hafermilch
- 2 TL Apfelessig
- 80 ml Rapsöl

ZUBEREITUNG:

1. Backofen auf 180 °C Ober-/Unterhitze (160 °C Umluft) vorheizen und Papierförmchen in ein Muffinblech setzen.
2. Mehl, Walnüsse, Backpulver, Lebkuchengewürz, Kurkuma, Rosinen und Zucker vermengen.
3. Hafermilch, Apfelessig und Rapsöl mischen. Nun die trockenen und die nassen Zutaten zügig miteinander verrühren und auf die Muffinförmchen verteilen.
4. Jeden Muffin mit 3 Mandeln sternförmig belegen.
5. Muffins 25 bis 30 Minuten backen, danach noch ca. 10 Minuten im Muffinblech ruhen lassen.

Matcha-Muffins mit Schokocreme

Grüner Tee ist schon lange aufgrund seiner gesundheitsfördernden Eigenschaften in aller Munde. Diese Muffins punkten mit der Extraportion Grüntee, dem zarten schokoladigen Topping und dem wahnsinnig leckeren Geschmack!

Grüner Tee ist reich an Chlorophyll, dem grünen Pflanzenfarbstoff, sowie ECGC, einem sekundären Pflanzenstoff, der antioxidativ sowie krebs- und entzündungshemmend wirkt und Schäden an unserer DNA verhindern kann. Zudem dämpft ECGC einen zu starken Anstieg des Blutzuckerspiegels und gleicht ein fehlgeleitetes Immunsystem aus.

ZUTATEN für 12 Stück:

- 250 g Vollkorn-Einkornmehl
- 1 EL Süßlupinen- oder Sojamehl
- 50 g Rohrzucker
- 50 g Birkenzucker
- 16 g Backpulver
- 4 TL Matcha
- 1 TL gemahlene Vanille
- 100 ml Rapsöl
- 230 ml Hafermilch
- 1 EL Zitronensaft
- 1 Rippe Backschokolade, vegan

ZUTATEN für die Schokocreme:

- 80 g Puderzucker
- 5 TL Kakaopulver, ungesüßt
- 2 EL Mandelmus
- 30 ml Hafermilch
- 5 TL Flohsamenschalen
- 70 g vegane Margarine

ZUBEREITUNG:

1. Die Schokoladenrippe in kleine Stücke schneiden. Ein Muffinblech mit Förmchen bestücken oder einfetten. Ofen auf 180 °C bei Ober- und Unterhitze vorheizen.
2. Die trockenen Zutaten für die Muffins gut miteinander vermischen. Die nassen Zutaten ebenfalls miteinander vermengen und anschließend mit den Schokostückchen unter die trockenen Zutaten heben.
3. Teig auf die Muffinförmchen verteilen und 20 bis 25 Minuten ab in den Ofen. Die Muffins sind fertig, wenn ein hineingepiekter Zahnstocher sauber wieder herauskommt. 5 bis 10 Minuten in der Form ruhen lassen und danach auf einem Kuchengitter auskühlen lassen.
4. Für die Creme alle Zutaten miteinander mit der Küchenmaschine oder dem Handmixer gut verrühren und 1 Stunde in den Kühlschrank stellen. Wenn die Masse danach noch zu flüssig ist, einfach noch mit Mandelmus und/oder Flohsamenschalen verdicken.
5. Sobald die Muffins komplett erkaltet sind, Creme in Spritzbeutel füllen und auf die Muffins aufbringen. Hat man keinen Spritzbeutel zur Hand, kann man die Creme auch einfach mit einem Messer auf die Muffins streichen. Im Kühlschrank lagern!

MUFFINS MIT SCHOKOLADE

Schoko-Kokos Muffins

Die perfekte Kombination aus Schokolade und Kokos macht diese Muffins zu einem ganz besonderen Geschmackserlebnis. Zudem sind die Muffins aus Vollkorn sowie glutenfrei. Herz, was willst du noch mehr?

ZUTATEN für 12 Muffins:

- 150 g Buchweizenmehl
- 100 g Kokosflocken
- 3 EL Kakaopulver
- 1 TL Kurkuma und eine Prise Pfeffer
- 3 TL Flohsamenschalen
- 1 TL Chiasamen
- 15 g Backpulver
- 70 g Rohrzucker
- 60 g Ahornsirup
- 1 TL gemahlene Vanille
- 100 ml Rapsöl
- 1 TL Apfelessig
- 300 ml Reismilch
- 2 EL Rum
- 12 kleine Stückchen Schokolade (nach Belieben)

ZUBEREITUNG:

1. Backofen auf 160 °C Ober-/Unterhitze (140 °C Umluft) vorheizen und Papierförmchen in ein Muffinblech setzen.
2. Buchweizenmehl, Kokosflocken, Zucker, Chiasamen, Flohsamenschalen, Kakaopulver, Kurkuma, Backpulver und Vanille vermischen.
3. Rapsöl, Apfelessig, Reismilch, Rum und Ahornsirup vermengen.
4. Nun die trockenen mit den nassen Zutaten vermischen und gut unterheben.
5. Die Masse in die Förmchen füllen, auf jeden Muffin noch ein kleines Stückchen Schokolade legen und etwa 25 Minuten backen. Danach im Blech etwa 5 Minuten auskühlen lassen, mit einem Messer Muffins vorsichtig vom Rand lösen, ein großes Brett über das Muffinblech legen und stürzen.

Rohköstliche Broanie-Muffins mit Bananencreme

Diese rohköstlichen Brownie-Muffins sind ein köstlicher und gesunder Snack für zwischendurch, wenn einen der Heißhunger nach Süßem überfällt! Die Schokolade sorgt für gute Laune und gesunden Schlaf, die Nüsse versorgen unser Hirn mit wertvollen Fettsäuren und die Gewürze sorgen für einen entzündungshemmenden Geschmackskick. Wer auf Rohkost Wert legt, sollte darauf achten, dass alle Zutaten in Rohkostqualität vorliegen.

ZUTATEN für 6 Muffins:

- 40 g Walnüsse
- 40 g Mandeln
- 11 Medjool-Datteln, getrocknet
- 25 g Kakaopulver
- 40 g Macadamia-Nüsse, gehackt
- ½ TL Kurkuma
- ½ TL Zimt
- ½ TL Vanillepulver
- 1 Prise Meersalz
- 2-4 EL Wasser, je nach Bedarf

ZUTATEN für die Bananencreme:

- 90 ml Wasser
- 25 g Cashews
- 15 g Mandeln
- 100 g Bananen
- 1 Dattel
- 2 TL Zitronensaft
- 2 TL Flohsamenschalen

ZUBEREITUNG:

1. Walnüsse, Mandeln und Datteln im Hochleistungsmixer oder in einer guten Küchenmaschine zerkleinern, sodass eine klebrige Masse entsteht.
2. Nun Macadamianüsse hacken und mit Meersalz, Kakaopulver, Kurkuma, Zimt, Vanille und nach Bedarf 2 bis 4 EL Wasser mit der Nuss-Dattel-Mischung verrühren. Der Teig soll klebrig, aber auch elastisch und weich sein. Je nachdem, wie viel Restfeuchte die verwendeten Datteln enthalten, braucht man etwas mehr oder weniger Wasser.
3. Die Masse auf 6 Silikon-Muffinförmchen verteilen und mit den Händen in die Form pressen. In der Mitte eine leichte Mulde für die Bananencreme drücken.
4. Nun die Muffins mindestens 2 Stunden im Kühlschrank durchziehen lassen.
5. Etwa 30 Minuten, bevor man die Muffins genießen will, diese aus dem Tiefkühlfach befreien und antauen lassen.
6. Ca. 10 Minuten vor dem Servieren der Brownie-Muffins die Creme zubereiten. Dazu alle Zutaten für die Bananencreme im leistungsstarken Mixer zu einer feinen Creme pürieren und ca. 10 Minuten durchziehen lassen. In dieser Zeit dickt die Creme schön ein. Durch die verwendeten Bananen wird die Creme schnell bräunlich, wenn sie länger steht, und sieht dann nicht mehr so appetitlich aus, darum die Creme erst zeitnah zum Verzehren richten.
7. Nun die Brownie-Muffins aus den Förmchen lösen und auf einem Teller mit der Bananencreme und einigen Bananenscheiben anrichten.

TIPP: Auch mit anderen Obstcremes schmecken die Brownie-Muffins klasse. Die Bananen kann man einfach mit derselben Menge Obst nach Wahl (z. B. Himbeeren, Erdbeeren, Kirschen, Mangos …) ersetzen.

Chocolate-Chip-Muffins

mit einem Hauch von Erdnussbutter

Der Hauch von Erdnussbutter bei diesen Muffins überzeugt mich stets von Neuem. Ein Muss für alle Erdnussbutter-Fans! Erdnüsse sind gute Eiweißlieferanten, enthalten viel Vitamin B3 sowie Vitamin E, senken laut Studien den Cholesterinspiegel sowie die Blutfettwerte und bewahren die gesunde Funktion der Gefäße.

ZUTATEN für 12 Muffins:

- 250 g Einkorn-Vollkornmehl
- 50 g Rohrzucker
- 50 g Birkenzucker
- 70 g vegane Erdnussbutter, crunchy
- 300 ml Hafermilch
- 80 ml Rapsöl
- 50 g vegane Chocolate Chips
- 2 TL Apfelessig
- 16 g Weinstein-Backpulver
- 1 TL Vanille

ZUBEREITUNG:

1. Backofen auf 180 °C Ober-/Unterhitze (160 °C Umluft) vorheizen und Papierförmchen in ein Muffinblech setzen
2. Vollkornmehl, Rohrzucker, Birkenzucker, Backpulver und Vanille mischen.
3. Erdnussbutter, Öl, Apfelessig und Rapsöl mit dem Schneebesen oder Handrührgerät so lange verrühren, bis sich die Erdnussbutter fast aufgelöst hat.
4. Nun die Erdnussbuttermischung zur Mehlmischung geben und gut unterheben. Drei Viertel der Chocolate Chips ebenfalls mit der Muffinmasse vermischen.
5. Die Masse nun auf die Förmchen im Muffinblech verteilen. Den Rest der Chocolate Chips obendrüber streuen.
6. 25 bis 30 Minuten im vorgeheizten Backofen backen. Danach noch 5 Minuten in der Form und danach auf einem Kuchengitter auskühlen lassen oder noch warm genießen!

Pfefferminz-Schoko Muffins

Die Pfefferminz-Schoko-Muffins sind ruckzuck fertig, machen aber optisch einiges her! Die helle Außenschicht kontrastiert mit dem dunklen Innenteil genauso wie der kühlende Minzgeschmack mit der wärmenden Schckolade.

ZUTATEN für 10 Stück:

- 1 Packung veganer Blätterteig
- 100 g Vollkorn-Einkornmehl
- 40 g Margarine, vegan
- 200 ml Kokosmilch
- 3 EL Kakaopulver, ungesüßt
- 100 g Zartbitter-Kuvertüre, vegan
- 50 g Birkenzucker
- 2-3 Tropfen ätherisches Pfefferminzöl, Bioqualität

ZUBEREITUNG:

1. Ofen auf 220 °C Ober-/Unterhitze vorheizen (200 °C Umluft) und ein Muffinblech mit kleinen Quadraten aus Backpapier von ca. 10 x 10 cm Größe auslegen.
2. Kuvertüre im Wasserbad schmelzen.
3. Für die Füllung Einkornmehl, Margarine, Kokosmilch, Kakaopulver, Kuvertüre, Birkenzucker und Pfefferminzöl mischen.
4. Den Blätterteig in 10 gleich große Rechtecke schneiden und in die mit Backpapier ausgelegten Vertiefungen der Muffinform drücken, sodass sowohl Boden als auch Seiten mit Teig bedeckt sind.
5. Die Füllung auf die Muffins verteilen.
6. Die Muffins nun 15 Minuten backen und im Backblech auskühlen lassen.

Marmor Muffins

Der Klassiker aus der Guglhupfform macht auch als Muffin eine gute Figur! Zusätzlich bietet diese Variante Kurkuma und Vanille, die beide antioxidativ wirken und so der Zellalterung entgegenwirken.

ZUTATEN für 12 Muffins:

- 250 g Einkorn-Vollkornmehl
- 60 g Kokosblütenzucker
- 50 g Birkenzucker
- 16 g Weinstein-Backpulver
- 250 ml Hafermilch
- 100 ml Rapsöl
- 2 TL Apfelessig
- 1 TL gemahlene Vanille
- 1 TL Kurkuma und 1 Prise Pfeffer
- 2 EL Kakaopulver

ZUBEREITUNG:

1. Backofen auf 180 °C Ober/-Unterhitze (160 °C Umluft) vorheizen.
2. 12 Muffinförmchen aus Silikon im Guglhupf-Style auf ein Backblech setzen, alternativ Papierförmchen auf ein Muffinblech setzen.
3. Mehl, Kokosblüten- und Birkenzucker, Backpulver, Vanille und Kurkuma mischen.
4. Hafermilch, Rapsöl und Apfelessig ebenfalls mischen.
5. Nun die Mehlmischung mit der Hafermilchmischung vermengen und gut verrühren.
6. Pro Muffin etwa einen gehäuften Esslöffel der Mischung in das Förmchen geben. Nun 2 EL Kakaopulver mit dem restlichen Teig mischen und danach wieder ca. einen gehäuften Esslöffel Teig in jedes Förmchen geben.
7. Mit einer kleinen Gabel nun in jeder Form ein paar Mal Teig von unten nach oben heben, sodass die kleinen Küchlein etwas marmoriert werden.
8. Nun im Ofen 25 bis 30 Minuten backen. Danach in der Silikonform komplett abkühlen lassen und die Silikonformen vorsichtig umstülpen, um die Muffins aus der Form zu bekommen.

Schoko-Weichsel Muffins

Fruchtig, schokoladig, wunderbar – so schmecken diese Schoko-Weichsel-Muffins, die sich perfekt als Seelentröster eignen. Die Kombination von Weichsel und Schokolade schmeckt einfach herrlich und die Mandeln komplettieren das Aroma.

Weichseln (Sauerkirschen) weisen genau wie Süßkirschen einen hohen Gehalt an Vitamin C, Kalium, Ballaststoffen und Anticxidantien auf und enthalten sehr viele sekundäre Pflanzenstoffe, weshalb sie stark entzündungshemmend wirken und die Stimmung aufhellen. Die Schokolade vervollständigt das Mood-Food, denn mit ihrem hohen Gehalt an Tryptophan – einer Vorstufe des Glückshormons Serotonin – vertreibt es schlechte Laune im Nu.

ZUTATEN für 12 Stück:

- 180 g Vollkorn-Dinkelmehl
- 70 g Mandeln
- 50 g Kokosblütenzucker
- 50 g Birkenzucker
- 16 g Weinstein-Backpulver
- 2 TL Zimt
- 3 EL Kakaopulver
- 250 ml Hafermilch
- 80 ml Rapsöl
- 2 EL Apfelessig
- 250 g Weichseln/Sauerkirschen (frisch, tiefgekühlt oder abgetropft aus dem Glas)

ZUBEREITUNG:

1. Backofen auf 180 °C Ober-/Unterhitze (160 °C Umluft) vorheizen und Muffinblech mit Papierförmchen bestücken.
2. Mehl, Mandeln, Zucker, Backpulver, Zimt und Kakaopulver mischen.
3. Hafermilch, Rapsöl und Apfelessig vermengen und mit der Mehlmischung gut verrühren.
4. Die Hälfte der Weichseln unterheben und den Teig anschließend auf die Muffinförmchen verteilen.
5. Nun die restlichen Weichseln oben auf die Muffins verteilen und leicht in den Teig drücken.
6. Im Ofen ca. 25 bis 30 Minuten backen, danach noch 5 Minuten in der Form ruhen lassen.

Triple-Chocolate Muffins

Inspiriert von der Schokoladensucht meines Mannes habe ich diese dreifach schokoladigen Muffins kreiert. Der perfekte Genuss für alle Schokoholics! Mit der schokoladigen Dreifach-Power ist für gute Laune gesorgt und die Mandeln bringen noch zusätzlich Vitamin E und Magnesium ins Spiel.

ZUTATEN für 12 Stück:

- 100 g Mandeln
- 200 g Dinkel-Vollkornmehl
- 50 g Birkenzucker
- 50 g Rohrzucker
- 5 EL Kakaopulver
- 60 g vegane Chocolate Chips
- 16 g Backpulver
- 1 TL Zimt
- 2 TL Apfelessig
- 300 ml Hafermilch
- 80 ml Rapsöl
- Früchte zum Dekorieren (z. B. Physalis, Erdbeeren, Himbeeren etc.)

ZUTATEN für die Schokosauce:

- 5 EL Kakaopulver
- 5 EL Ahornsirup
- 1 TL Zimt
- 4 TL fein gemahlener Birkenzucker
- 4 EL Hafermilch
- 1 EL flüssiges Kokosöl

ZUBEREITUNG:

1. Backofen auf 180 °C Ober-/Unterhitze (160 °C Umluft) vorheizen und Muffinblech mit Papierförmchen auslegen.
2. Mandeln, Mehl, Birken- und Rohrzucker, Kakaopulver, Chocolate Chips, Zimt und Backpulver mischen.
3. Apfelessig, Hafermilch und Rapsöl verrühren.
4. Nun die Mehlmischung und die Hafermilchmischung vermengen und in die Muffinförmchen füllen.
5. 25 bis 30 Minuten backen und danach die Muffins noch ca. 10 Minuten im Blech ruhen lassen.
6. Währenddessen für die Schokosauce alle Zutaten vermischen.
7. Vor dem Verzehr die Muffins mit der Schokosauce übergießen und mit Früchten garniert servieren.

PIKANTE MUFFINS

Mediterrane Oliven-Muffins

Diese leckeren Muffins auf Hefebasis schmecken nach Urlaub, Sonne und mehr! Am besten schmecken sie, wenn man jeden Bissen noch warm in eine Mischung aus hochwertigem Olivenöl und gepresstem Knoblauch dippt. Oliven sind äußerst gesund. Sie enthalten große Mengen an unterschiedlichen Antioxidantien – hauptsächlich in Form von verschiedenen sekundären Pflanzenstoffen und Ölsäuren – und sind deshalb stark entzündungshemmend. Sie wirken Krebs entgegen, stärken das Immunsystem und sorgen für ein gesundes Herz.

ZUTATEN für 9 Stück:

- 200 g Vollkorn-Dinkelmehl
- 50 g grüne Oliven, entkernt
- 50 g schwarze Oliven, entkernt
- 20 g Pinienkerne
- 5 g Germ (Backhefe), getrocknet
- 2 EL Kräuter der Provence, getrocknet
- 1 TL Kurkuma
- 1 TL Kokosblütenzucker
- 1 EL Olivenöl
- 1 EL Apfelessig
- 2 TL Kräutersalz
- Pfeffer

ZUBEREITUNG:

1. Oliven in Ringe schneiden.
2. Dinkelmehl mit der Trockenhefe vermischen.
3. Danach die restlichen Zutaten dazugeben und mit der Hand zu einem geschmeidigen Teig kneten.
4. Aus Backpapier 9 Quadrate von ca. 10 x 10 cm schneiden und damit die Mulden eines Muffinblechs auskleiden.
5. Den Teig nun auf die 9 Muffinförmchen verteilen und in der Form 1 Stunde abgedeckt an einem warmen Ort gehen lassen.
6. Danach in den kalten Backofen schieben und diesen erst dann auf 180 °C Ober- und Unterhitze erhitzen. Nach etwa 25 bis 30 Minuten sind die Muffins fertig!

Grüne Zucchini-Muffins

Zugegeben: Diese Muffins sind nicht giftgrün, aber Kürbiskerne, Kürbiskernöl, Kräuter und Zucchini sorgen für einen sanften Grünton, der dafür umso appetitlicher aussieht und absolut köstlich schmeckt. Kürbiskerne sind äußerst nahrhaft, gesund und bieten sich hervorragend als Eiweißquelle an. Zudem sind sie vollgestopft mit wertvollen Mineralstoffen und Spurenelementen, allen voran Magnesium, Phosphor, Zink, Eisen, Mangan und Kupfer. Aber auch die Inhaltsstoffe der Zucchini können sich sehen lassen: Sie sind reich an Vitamin A, verschiedenen Vitaminen der B-Gruppe sowie Kalium, Magnesium und Eisen. Auch enthalten sie wertvolle sekundäre Pflanzenstoffe, die antioxidativ wirken. Also nichts wie ran an diese leckeren und gesunden grünen Zucchini-Muffins!

ZUTATEN für 12 Stück:

- 200 g Vollkorn-Einkornmehl
- 70 g geriebene Kürbiskerne
- 20 g Leinsamen
- 15 g Backpulver
- 1 Frühlingszwiebel
- 50 g gemischte Kräuter, frisch oder tiefgekühlt (z. B. Petersilie, Majoran, Basilikum, Dill …)
- 30 ml Kürbiskernöl
- 70 ml Rapsöl
- 220 ml Wasser
- ½ mittelgroße Zucchini
- 1 Knoblauchzehe
- 1 EL Apfelessig
- 1 ½ TL Salz
- ½ TL Kurkuma
- 2 TL Majoran, getrocknet
- 2 TL Bierhefe
- Pfeffer

ZUBEREITUNG:

1. Backofen auf 180 °C Ober-/Unterhitze (160 °C Umluft) vorheizen und Muffinblech gut mit Margarine einfetten.
2. Zucchini grob raspeln, Frühlingszwiebel klein schneiden, Knoblauchzehe auspressen und alles mit den trockenen Zutaten (Mehl, Kürbiskerne, Leinsamen, Backpulver, Salz, Kurkuma, Majoran, Bierhefe und Pfeffer) vermischen.
3. Alle nassen Zutaten (Öle, Apfelessig, Wasser) ebenfalls vermischen, mit den Kräutern zur Mehl-Zucchini-Mischung geben und verrühren.
4. In die Muffinförmchen einfüllen und 25 bis 30 Minuten backen.
5. Ca. 5 Minuten in der Form ruhen lassen, mit einem Messer Muffins vorsichtig vom Rand lösen, ein großes Brett über das Muffinblech legen und stürzen. Danach entweder noch heiß genießen oder fertig auskühlen lassen.

TIPP: Die Zucchini-Muffins machen auch als Beilage eine gute Figur.

Erdnuss-Sojaschnetzel Muffins

Inspiriert wurden diese Muffins von „normalen" Muffins mit Hähnchenstücken darin. Meine Erdnuss-Sojaschnetzel-Muffins stehen ihren Vorbildern in nichts nach und sorgen nicht nur für einen glücklichen Gaumen und Magen, sondern auch für ein gutes Gewissen! Erdnüsse sind zudem gesundheitlich sehr vorteilhaft, bieten die kleinen Nüsse doch viele ungesättigte Fettsäuren, die wiederum förderlich für unsere Herzgesundheit sind. Sie senken den Cholesterinspiegel genauso wie den Blutfettwert und sorgen dafür, dass unsere Gefäße elastisch und flexibel bleiben. Zusätzlich bieten sich Erdnüsse – wie alle Nüsse – auch als gute Proteinquelle an. Sie bringen es auf einen Eiweißgehalt von immerhin 25 Prozent!

ZUTATEN für 12 Stück:

- 200 g Vollkorn-Dinkelmehl
- 100 g gekochte Kartoffeln
- 70 g getrocknete Sojaschnetzel
- 90 g Erdnüsse, ungesalzen
- 50 g Erdnussbutter
- 16 g Weinstein-Backpulver
- 1 kleine Zwiebel
- 2 EL Leinsamen
- 70 ml Rapsöl
- 90 ml Hafermilch
- 250 g Sojajoghurt
- 2 EL Apfelessig
- 2 TL Sojasauce
- 2 TL Currypulver
- 2 TL geräuchertes Paprikapulver
- 2 TL Kräutersalz
- ca. 300 ml Gemüsebrühe zum Kochen der Sojaschnetzel

ZUBEREITUNG:

1. Muffinblech gut mit Margarine einfetten und Backofen auf 180 °C Ober/-Unterhitze (160 C° Umluft) vorheizen.
2. Die Sojaschnetzel in der Gemüsebrühe ca. 10 Minuten kochen, danach abgießen und leicht ausdrücken.
3. Zwiebel klein würfeln und mit 2 EL Öl anbraten. Leicht bräunen lassen und dann die Sojaschnetzel hinzugeben und noch kurz mitbraten, dann kaltstellen.
4. Erdnussbutter mit der Hafermilch verrühren, sodass sich die Erdnussbutter auflöst. Danach Sojajoghurt, Apfelessig, Sojasauce und Rapsöl hinzufügen und ebenfalls verrühren.
5. Mehl, Backpulver, geschälte und zerdrückte Kartoffeln, Leinsamen, Curry- und Paprikapulver sowie Salz miteinander mischen.
6. Die Erdnussbuttermischung nun mit der Mehlmischung und den gebratenen Zwiebeln und Sojaschnetzeln mischen.
7. Großzügig in die Muffinformen einfüllen, die Muffins können ruhig über die Muffinform hinausragen.
8. Etwa 25 bis 30 Minuten backen, danach 5 Minuten ruhen lassen und kalt oder warm servieren.

Tomaten-Polenta Muffins

Diese Kombination von Polenta, Tomaten und Pinienkernen schmeckt einfach himmlisch! Polenta – gemeinhin auch als Maisgrieß bekannt – steckt genauso wie gekochte Tomaten voller Carotinoide, einer Gruppe stark antioxidativer sekundärer Pflanzenstoffe, die als wahre Anti-Aging-Bomben gelten. Zudem mindert ein regelmäßiger Verzehr das Krebsrisiko, schützt vor Hautkrankheiten, die durch UV-Strahlung ausgelöst werden, und schützt unsere Augen genauso wie unser Herz. Polenta enthält relativ viel Vitamin B1, B5 und Vitamin K, während Tomaten mit Vitamin C, B1, B2, Folsäure und Provitamin A punkten. Obwohl Polenta einen eher hohen GI (glykämischer Index) von 65 aufweist, sorgen die enthaltenen komplexen Kohlenhydrate dafür, dass der Effekt auf den Blutzuckerspiegel dennoch relativ niedrig bleibt.

ZUTATEN für 12 Muffins:

- 150 g Polenta (Maisgrieß)
- 100 g Buchweizen-Vollkornmehl
- 16 g Weinstein-Backpulver
- 12 getrocknete Tomaten
- 6 Cocktailtomaten
- 60 g Pinienkerne
- 100 g weiche vegane Margarine
- 310 g Sojajoghurt, ungesüßt
- ¼ Bund Petersilie
- 1 EL Apfelessig
- 3 EL kaltes Wasser
- 4 TL Oregano, getrocknet
- 1 ½ TL Salz
- 2 TL Hefeflocken
- 1 TL Flohsamenschalen
- 2 TL Chiasamen
- 1 TL Kurkuma
- 1 Prise Pfeffer

ZUBEREITUNG:

1. Backofen auf 180°C Ober-Unterhitze (160°C Umluft) vorheizen.
2. Muffinblech gut mit Margarine einfetten, vor allem auch an den Seiten.
3. Getrocknete Tomaten und Petersilie klein schneiden und alle Zutaten bis auf die Cocktailtomaten miteinander verrühren.
4. Masse in die Förmchen füllen, Cocktailtomaten halbieren und pro Muffin eine Hälfte daraufsetzen und leicht in den Teig drücken.
5. 25 bis 30 Minuten backen. Danach ungefähr 5 Minuten in der Form ruhen lassen. Mit einem Messer die Muffins vorsichtig vom Rand lösen, ein großes Brett über das Muffinblech legen und stürzen.

Gemüse-Bolognese Muffins

Diese Gemüse-Bolognese-Muffins schmecken süßlich-pikant und sind auch bei Kindern sehr beliebt. Das „Hackfleisch" bilden hier Sonnenblumenkerne und Tofu. Tofu liefert reichlich Vitamin K, das wir für unsere Blutgerinnung, das Zellwachstum und den Knochenstoffwechsel benötigen, sowie Kalzium, Magnesium, Phosphor, Eisen und Mangan. Die enthaltenen Isoflavone wirken antioxidativ, senken das Risiko für bestimmte hormonabhängige Krebserkrankungen und schützen unsere Knochen. Sonnenblumenkerne wiederum enthalten große Mengen an Vitamin E sowie viele Vitamine aus der B-Gruppe, weiterhin Magnesium, Phosphor, Kupfer, Zink, Mangan und Eisen. Auch die restlichen Zutaten bieten viele Vitamine: Ein einziger Muffin versorgt uns bereits mit etwa 40 Prozent des Tagesbedarfs an Vitamin A, 30 Prozent des Tagesbedarfs an Vitamin B1 und 25 Prozent des Tagesbedarfs an Vitamin E.

ZUTATEN für 12 Stück:

- 260 g Dinkelmehl
- 6 g Trockengerm (Hefe)
- 1 EL Olivenöl
- 1 TL Kokosblütenzucker
- 120 ml lauwarmes Wasser

GEMÜSE-BOLOGNESE:

- 1 Zwiebel
- 1 Knoblauchzehe
- 1 mittelgroße Karotte
- ½ Stange Staudensellerie
- 50 g Sonnenblumenkerne
- 100 g Räuchertofu
- 40 g Kapern
- 4 EL Mais
- 300 g passierte Tomaten
- 1 EL Rapsöl
- 2 TL Oregano, getrocknet
- 2 TL Majoran, getrocknet
- 4 TL Paprikapulver
- 1 TL Bierhefe
- 1 TL Kurkuma
- 1 TL Salz
- Pfeffer

ZUBEREITUNG:

1. Mehl mit Trockenhefe vermischen, Olivenöl, Zucker, Salz und Wasser dazugeben und mit den Knethaken des Mixers zu einem Pizzateig verarbeiten. Anschließend den Teig ca. 1 Stunde an einem warmen Ort gehen lassen.
2. In der Zwischenzeit Zwiebel würfeln und mit dem Rapsöl anbraten, die grob geraspelte Karotte und klein geschnittenen Staudensellerie dazugeben und kurz mitbraten lassen.
3. Sonnenblumenkerne mit einem Messer fein hacken, Räuchertofu zuerst in Scheiben schneiden und dann zerbröseln. Knoblauch pressen. Alles ebenfalls kurz mit dem Gemüse anbraten.
4. Mit den passierten Tomaten ablöschen, gehackte Kapern und Mais untermischen, mit den Gewürzen abschmecken und beiseitestellen.
5. Backofen auf 200 °C (180°C Umluft) vorheizen. Den Pizzateig nochmals durchkneten und in 12 gleich große Stücke teilen.
6. Muffinblech einfetten. Aus jedem Teigstück nun mit feuchten Händen eine Kugel und aus dieser dann einen Teigkreis von ca. 7 cm Durchmesser formen. Diesen dann in die Vertiefung der Muffinform drücken und am Rand hochziehen, sodass eine Teigschüssel entsteht.
7. Jede Teigschüssel nun mit ca. 1 bis 2 EL Bolognese füllen und ca. 20 bis 25 Minuten im Ofen backen.

TIPP: Die Bolognese schmeckt auch hervorragend als Sugo zu Spaghetti! Die hier angegebene Menge ergibt Sugo für Spaghetti Bolognese für ca. zwei Personen.

Zwiebel-Tofu Muffins

Der würzige Geschmack gerösteter Zwiebeln vereint sich hier mit dem Raucharoma des Räuchertofus und zaubert einen leckeren Snack!

Zusätzlich zum wunderbaren Geschmack schenken Zwiebeln uns auch noch Gesundheit! Sie enthalten viel Vitamin C, B6, Kalium und Schwefel. Darüber hinaus wirken sie entgiftend und laut unterschiedlichen Studien unterstützt ein regelmäßiger Zwiebelkonsum das Immunsystem, senkt den Cholesterinspiegel, beugt Herz-Kreislauf-Erkrankungen vor und verringert das Krebsrisiko. Also nichts wie ran an die Zwiebel-Tofu-Muffins!

ZUTATEN für 12 Stück:

- 2 - 3 große rote Zwiebeln
- 3 EL Rapsöl
- 250 g Vollkorn-Einkornmehl
- 200 g Räuchertofu
- 3 TL Weinstein-Backpulver
- 2 EL Majoran, getrocknet
- 2 TL geräuchertes Paprikapulver
- 1 TL Currypulver
- 150 g vegane Margarine
- 250 ml Wasser
- 1 EL Apfelessig
- 1 - 2 TL Salz nach Geschmack

ZUBEREITUNG:

1. Muffinblech gut mit Margarine einfetten und Backofen auf 180 °C Ober-/Unterhitze (160 °C Umluft) vorheizen.
2. Tofu klein würfeln. Zwiebel hacken und im Öl anschwitzen, dabei leicht bräunen lassen. Aus der Pfanne nehmen und stattdessen nun den gewürfelten Tofu kross anbraten.
3. Mehl, Backpulver, Gewürze sowie Salz miteinander mischen.
4. Apfelessig, Margarine und Wasser mit dem Mixer flaumig rühren und zur Mehlmischung dazugeben. Nochmals gut durchmischen.
5. Zwiebel und Tofu unterheben und in die Muffinformen füllen.
6. Etwa 25 bis 30 Minuten backen, danach 5 Minuten ruhen lassen und kalt oder warm servieren.

Brokkoli-Quiche Muffins

Inspiriert wurden diese proteinreichen Muffins von der französischen Quiche. In diesem Fall spielt der Brokkoli die kulinarische Hauptrolle, begleitet von leckeren Kichererbsen.

Kichererbsen sind reich an Proteinen, Vitaminen, Mineralstoffen und Spurenelementen (vor allem Folsäure, Eisen, Zink und Kupfer), liefern viele Ballaststoffe und wirken sich positiv auf den Blutzuckerspiegel, das Herz-Kreislauf-System und unsere Darmbakterien aus.

Brokkoli wiederum liefert Kalium, Phosphor, Eisen, Zink, Kalzium und Natrium sowie die Vitamine B1, B2, B6, E, C und Provitamin A. Zudem ist er reich an dem sekundären Pflanzenstoff Sulforaphan, der unter anderem das Krebswachstum hemmt.

ZUTATEN für 10 Stück:

- 1 Packung Blätterteig, vegan
- 100 g Kichererbsenmehl
- 200 ml Wasser
- 1 TL Salz
- ½ TL Kurkuma
- 1 Knoblauchzehe
- Pfeffer
- 1 TL Majoran, getrocknet
- ½ Zwiebel
- 2 Champignons
- 10 Brokkoliröschen
- 10 Cocktailtomaten

ZUBEREITUNG:

1. Kichererbsenmehl mit Wasser, Salz, Kurkuma, Pfeffer, Majoran und der ausgepressten Knoblauchzehe zu einem glatten Teig verrühren und 15 Minuten ruhen lassen.
2. Aus Backpapier 10 Quadrate von ca. 10 x 10 cm schneiden und damit die Mulden eines Muffinblechs auskleiden und den Backofen auf 200 °C Ober-und Unterhitze vorheizen.
3. Zwiebel würfeln, Champignons klein schneiden und Tomaten vierteln.
4. Blätterteig in 10 gleich große Rechtecke schneiden und damit Boden und Rand der mit Backpapier ausgelegten Mulden des Muffinblechs auskleiden. Den Rand etwas einrollen.
5. Zwiebel- und Champignonstücke auf die Teigschüsseln verteilen und in jede Teigschüssel 4 Tomatenviertel setzen.
6. Nun die Kichererbsenmischung nochmals kurz verrühren und je Teigschüssel ca. 1 EL voll über das Gemüse geben. Die Brokkoliröschen in den Kichererbsenguss drücken.
7. Nun im Ofen 25 Minuten backen und noch warm servieren, dazu passt ein Salat hervorragend! Aber auch kalt sind die Muffins ein Gedicht.

TIPP: Die Brokkoli-Quiche-Muffins lassen sich auch hervorragend einfrieren. Bei Bedarf backt man sie einfach kurz auf. Je nach Gusto kann man den Belag variieren und so beispielsweise Lauchscheiben und Tomaten kombinieren. Der Fantasie sind keine Grenzen gesetzt!

Sauerkraut Muffins

Sauer macht bekanntlich lustig und das gilt auch für diese köstlichen Sauerkraut-Muffins. Sauerkraut überzeugt durch seinen hohen Vitamin-C- und Ballaststoffgehalt, zudem enthält es (zumindest in rohem Zustand) für unseren Darm wertvolle Milchsäurebakterien. Beides kurbelt unser Immunsystem an und wirkt vorbeugend gegen Krebs.

ZUTATEN für 12 Stück:

- 1 große Zwiebel
- 1 EL Olivenöl
- 250 g Sauerkraut
- 250 g Buchweizen, gemahlen
- 12 g Weinstein-Backpulver
- 2 TL Flohsamenschalen
- ½ TL Kurkuma
- ½ TL Currypulver
- 2 TL Paprikapulver
- 2 TL Majoran, getrocknet
- 1 ½ TL Salz
- 60 ml Olivenöl
- 240 ml Wasser
- 1 EL Apfelessig
- Pfeffer
- rohes Sauerkraut fürs Topping

ZUBEREITUNG:

1. Muffinblech gut mit Margarine einfetten und Backofen auf 160 °C Ober-/Unterhitze (140 °C Umluft) vorheizen.
2. Zwiebel klein schneiden und in 1 EL Olivenöl scharf anbraten.
3. Sauerkraut klein schneiden.
4. Buchweizenmehl, Backpulver, Flohsamenschalen, Kurkuma, Curry, Paprika, Majoran, Salz und Pfeffer mischen.
5. Wasser, Apfelessig und Öl ebenfalls mischen und unter die Buchweizenmischung rühren.
6. Knoblauch pressen, mit Sauerkraut zum Teig geben und unterheben.
7. Auf die Muffinmulden verteilen und ca. 30 Minuten backen. Danach im Blech etwa 5 Minuten auskühlen lassen, mit einem Messer Muffins vorsichtig vom Rand lösen, ein großes Brett über das Muffinblech legen und stürzen.
8. Kurz vor dem Verzehr mit rohem Sauerkraut toppen und genießen!

Bunte Gemüse-Muffins

Diese Muffins sind bunt und genauso wunderbar schmecken sie auch! Generell sollte man jeden Tag so viele verschiedene Farben wie möglich in Form von Obst, Gemüse, Hülsenfrüchten und Co. zu sich nehmen, um optimal mit Nähr-, Vital- und sekundären Pflanzenstoffen versorgt zu werden. Mit diesen Muffins fällt das leicht, denn die Farben Rot, Grün und Gelb werden bereits abgedeckt. Dementsprechend punkten diese Muffins auch mit vielen Vitaminen, Mineralstoffen, Proteinen, Spurenelementen und sekundären Pflanzenstoffen, wie etwa den Vitaminen A, B1, B3, B6, C, E, K und Folsäure, sowie Phosphor, Magnesium, Mangan, Kupfer, Zink und Eisen.

ZUTATEN für 12 Stück:

- 250 g Vollkorn-Einkornmehl
- 25 g Sonnenblumenkerne
- 2 TL Bierhefe
- 16 g Backpulver
- 50 g Erbsen
- 1 rote Paprika
- 5 EL Mais
- 1 - 2 TL Salz nach Geschmack
- ½ TL Kurkuma
- 1 TL Paprikapulver
- 2 TL Oregano, getrocknet
- 1 TL Majoran, getrocknet
- ½ TL Currypulver
- Pfeffer
- 250 ml Wasser
- 80 ml Rapsöl
- 2 EL Apfelessig

ZUBEREITUNG:

1. Muffinblech gut mit Margarine einfetten und Backofen auf 180 °C Ober-/Unterhitze (160 °C Umluft) vorheizen.
2. Die Paprika in ca. 1,5x1,5 cm große Stücke schneiden.
3. Mehl, Backpulver, Bierhefe und Gewürze mischen. Die Hälfte von Paprika, Erbsen und Mais unterheben.
4. Öl, Wasser und Essig ebenfalls mischen und unter die Mehlmischung rühren.
5. Teig in die Muffinmulden einfüllen und restlichen Mais, Paprika und Erbsen darauf verteilen.
6. Im Ofen ungefähr 25 bis 30 Minuten backen.
7. Danach im Blech etwa 5 Minuten auskühlen lassen, mit einem Messer Muffins vorsichtig vom Rand lösen, ein großes Brett über das Muffinblech legen und stürzen.

Spaghetti Muffins

Spaghetti gehen immer! Darum gibt's hier ein deftig-würziges Rezept für Spaghetti-Muffins mit Zwiebeln, Champignons und Erbsen. Als pfiffige Beilage eignen sich diese kleinen Spaghetti-Nester bestens, aber auch solo oder als Snack für zwischendurch machen sie eine gute Figur.

Nebenbei sind diese Muffins wahre Nährstoffbomben. Die Cashews liefern Magnesium, Eisen und viele B-Vitamine. Darüber hinaus weisen sie einen sehr hohen Gehalt an der Aminosäure Tryptophan auf, aus dem unser Körper gemeinsam mit Vitamin B6, das reichlich in Bierhefe vorhanden ist, das Glückshormon Serotonin herstellt.

ZUTATEN für 12 Stück:

- 250 g Vollkorn-Spaghetti, ohne Ei
- 100 g Cashewkerne
- 160 ml Wasser
- 2 TL Bierhefe
- 2 TL Majoran, getrocknet
- 1,5 TL Salz
- 2 TL Maisstärke
- 1 EL Balsamico-Essig
- 2 EL Olivenöl
- 6 Champignons
- 40 g Erbsen
- 1 Frühlingszwiebel
- 1 Knoblauchzehe

ZUBEREITUNG:

1. Muffinblech gut mit Margarine einfetten und Backofen auf 200 °C Ober-/Unterhitze (180 °C Umluft) vorheizen.
2. Spaghetti nach Packungsanleitung kochen und abgießen.
3. Cashewkerne mit Wasser, Essig, Salz und Olivenöl zu einer feinen Creme pürieren. Bierhefe, Stärke, Majoran und ausgepresste Knoblauchzehe dazugeben und verrühren.
4. Champignons und Frühlingszwiebel putzen und sehr klein schneiden.
5. Alle Zutaten mit den Spaghetti gleichmäßig vermengen.
6. Mit einer Gabel und einem Löffel nun Spaghetti portionsweise aufrollen und in die Muffinmulden setzen. Übrig gebliebenes Gemüse und Sauce auf die Muffins verteilen.
7. Nun im Ofen ca. 20 bis 25 Minuten backen. Danach in der Form noch etwas auskühlen lassen und vorsichtig mit 2 Gabeln aus der Form heben. Pfeffern, mit Kräutersalz bestreuen und noch warm servieren.

TIPP: Die Spaghetti-Muffins schmecken auch kalt sehr gut! Dazu die gut gekühlten Muffins anrichten, mit etwas Balsamico-Essig beträufeln und ein paar Frühlingszwiebelringe darüber verteilen.

Nachwort

Ich hoffe, ich konnte dich mit meinen 44 schnellen und trotzdem raffinierten Rezepten für vegane Muffins von der Köstlichkeit einer gesunden Küche überzeugen! Denn auch wenn manche dem Vorurteil anhängen, dass nur Ungesundes gut schmecken kann, wünsche ich mir doch sehr, jeden Zweifler nun vom Gegenteil überzeugt zu haben: Guter Geschmack kann auch in einer gesunden Kost stecken!

Wie viele unterschiedliche Studien inzwischen eindrucksvoll belegen, liefert eine abwechslungsreiche, pflanzenbasierte, vollwertige und möglichst zuckerfreie Ernährung nicht nur alles, was wir für ein gesundes Leben benötigen, sondern besitzt zudem das Potential, uns vor vielen sogenannten Zivilisationskrankheiten wie etwa Krebs, Diabetes & Co. zu schützen. Und mit den vielen gesundheitsförderlichen Zutaten – von Blaubeeren bis zu Kurkuma – werden die veganen Muffins sogar noch gesünder und weisen eine große Vielfalt an lebenswichtigen Vitaminen, Mineralstoffen, Spurenelementen, Proteinen und sekundären Pflanzenstoffen auf.

Also nutze die Chance und versuche, deine Lieblingsrezepte aus diesem kleinen aber feinen Büchlein öfter in den Alltag zu integrieren. Anstatt „normalen" Kuchen könntest du doch stattdessen zuckerfreie, vollwertige, glutenfreie oder rohköstliche, doch in jedem Fall vegane Muffins zaubern. Und anstatt ungesunden Fast Foods könnten dich von nun an pikante vegane Muffins mittags im Büro oder abends zum Abendbrot verzücken.

Denn das Wichtigste, was wir auf dieser Welt besitzen, ist unsere Gesundheit. Darum sollten wir sie hegen und pflegen, und nichts können wir einfacher kontrollieren als das, womit wir unseren Körper nähren – oder, im Fall von ungesunden gezuckerten Kalorienbomben voller tierischer Inhaltsstoffe und arm an Ballast- und sekundären Pflanzenstoffen, eben auch nicht. Wie schon ein sehr kluger Mensch, nämlich Arthur

Schopenhauer (1788-1860), sagte: „*Gesundheit* ist nicht *alles*, aber *ohne Gesundheit ist alles nichts.*" Und dem kann ich aus eigener Erfahrung aus tiefstem Herzen zustimmen.

In diesem Sinne wünsche ich dir, liebe Leserin, und dir, lieber Leser, von Herzen Gesundheit und ein glückliches, friedvolles Leben. Ich hoffe, mit diesem Buch einen kleinen Beitrag dazu zu leisten.

Alles Liebe, Silke

Über die Autorin

Dipl. Ing. (FH) SILKE GUGENBERGER-WACHTLER, geboren 1980, arbeitet als Grafikerin und Autorin. 2011 erkrankte sie an Krebs und heilte sich in Folge selbst von dieser schweren Erkrankung. Seither beschäftigt sie sich intensiv mit gesunder, pflanzlicher Ernährung und Naturheilkunde. Auch lebt sie seit dieser Zeit vegan und kocht und bäckt mit Leidenschaft gesunde, rein pflanzliche Leckerbissen. Silke lebt mit ihrem Sohn, ihrem Ehemann und zwei Katzen in der ländlichen Idylle in Österreich.

Im August 2015 erschien ihr erstes Buch „Poweröle kompakt" über Aromatherapie im Selbstverlag und 2018 folgte ihr zweites Werk: „Das Lavendelbuch".